MADAME DSK

RENAUD REVEL – CATHERINE RAMBERT

MADAME DSK
UN DESTIN BRISÉ

FIRST
Editions

© Éditions First-Gründ, Paris, 2011
60, rue Mazarine
75006 Paris – France
Tél. : 01 45 49 60 00
Fax : 01 45 49 60 01
Courriel : firstinfo@efirst.com
Internet : www.editionsfirst.fr

ISBN : 978-2-7540-2541-6
Dépôt légal : juillet 2011
Imprimé en France

Ouvrage dirigé par Benjamin Arranger
Secrétariat d'édition : Capucine Panissal
Correction : Christine Cameau
Mise en page : ReskatoЯ 🐞

PROLOGUE

L a scène est dévastatrice, l'image, spectaculaire, abrasive, définitivement ravageuse, pour celle qui la découvre, un matin blême de mai, devant son écran de télévision, comme des millions de Français ahuris.

Noyé sous les flashes des photographes, jeté en pâture à la presse qui l'assaille, l'homme est livide. Sidérant spectacle qui voit, ce dimanche 15 mai 2011, un pantin entravé, qu'encadrent deux gros bras de la police de New York, sortir KO debout d'un hôtel de police, sous l'œil des caméras du monde entier. Et d'une épouse hébétée et sans voix...

Débarqué vingt-quatre heures plus tôt, *manu militari*, d'un vol Air France, l'homme a été jeté, tel un fagot de paille, sur la banquette d'un commissariat de Harlem, menottes aux poignets. Mauvaise pioche : dans le regard de cette figure célèbre de la politique et de la finance mondiale se lit à cet instant l'incrédulité du joueur de cartes invétéré qui vient de se faire décaver, au détour d'une partie – celle de trop – qui, dit-on, a mal tourné du côté d'un hôtel de Manhattan, lequel n'a rien de borgne.

Prostré, tête baissée, les mains menottées dans le dos, ses pensées dérivent vers celle qui, à plusieurs milliers de kilomètres de là, doit être aux quatre cents coups. Et ses traits se figent en un rictus inquiet et douloureux. Loin d'elle, il se sent paumé, triste et inquiet. «Anne» méritait le meilleur des hommes et ce n'est pas lui.

Mais quand sortira-t-il d'ici? Dans une heure, dans deux heures? Pas de sitôt à voir le flic en costume-cravate qui lui fait face et dont les premiers mots ne lui disent rien qui vaille : «Je crois, monsieur, que vous avez un gros problème.»

Démarre à cet instant, et sur les chapeaux de roue, le film d'une chute vertigineuse, l'histoire d'un abîme sans fin, le récit, en «direct live», du crépuscule d'un homme – et du plongeon dans l'horreur d'une femme –, happé vers le vide pour avoir vécu trop souvent en marge, sur le fil du rasoir, à la jointure de deux vies, entre deux rives : Dominique Strauss-Kahn.

Commence, ici, l'histoire d'un parcours peu commun, celui d'une épouse au destin non moins extraordinaire. Cette ancienne icône cathodique au visage de Madone, saluée aujourd'hui par tout un pays et dont absolument personne ne soupçonnait à ce jour la force de caractère, le courage et l'abnégation. Au point de renvoyer nombre de ses contemporains, confrontés à pareille situation, à de pâles figurants : Anne Sinclair.

Mais de quel métal est donc constituée cette épouse qui entretient des liens puissants avec son passé, son histoire, sa famille, et qu'un mari collectionneur de faux pas vient de plonger une nouvelle fois dans un gouffre?

1

36 heures en enfer

Nous sommes le samedi 14 mai 2011, il est 18 heures et Anne Sinclair pousse la porte d'une boutique du 16e arrondissement de Paris. Il s'agit de Castaner, une enseigne spécialisée dans la vente de chaussures haut de gamme, dont l'un des points de vente parisien est situé au 86, avenue Paul-Doumer.

À ce moment précis, à New York, Dominique Strauss-Kahn sort nu de sa douche au Sofitel de Time Square, où il a passé la nuit, et se retrouve face à face avec une femme de chambre qui a franchi le seuil de sa porte, pensant que la chambre était vide. Alors que son épouse essaie plusieurs paires de chaussures en devisant avec un couple qui l'accompagne, quel drame se joue dans la suite 2806 de l'hôtel de Manhattan ? Lorsqu'elle quitte Castaner une demi-heure plus tard, Anne Sinclair ne sait pas encore que la vie de son mari vient tout juste de se transformer en un cauchemar. Qui va devenir le sien.

De retour chez elle, dans son appartement de la place des Vosges, dans le Marais, l'ancienne journaliste-star de TF1 se prépare pour aller fêter l'anniversaire du chanteur et comédien Patrick Bruel. Céline, la compagne de ce dernier, organise une soirée surprise pour ses 52 ans dans leur appartement. En secret, elle a contacté quelques-uns de ses proches, avec pour consigne d'être sur place quand Patrick rentrera du théâtre Edouard-VII, où il interprète depuis plusieurs semaines une pièce, *Le Prénom*.

Aux alentours de 20 h 30 (14 h 30 à New York), Anne Sinclair reçoit un appel de son époux, alors qu'il se dirige vers l'aéroport international JFK. Au téléphone, l'intéressé a sa voix des mauvais jours. Sans s'appesantir plus avant, mais suffisamment tendu pour inquiéter Anne, il évoque « un problème grave », dont il promet de lui parler dès son arrivée à Paris, tout en restant évasif. Le patron du FMI lui demande néanmoins de prévenir Stéphane – comprenez Stéphane Fouks, le patron du groupe de communication Euro RSCG et l'un de ses hommes de confiance, spécialiste de la gestion de crise. Préoccupé, il parle aussi de l'un de ses téléphones portables, un BlackBerry, malencontreusement oublié à l'hôtel. Puis DSK s'attarde quelques minutes sur son déjeuner pris avec sa fille. Diversion.

Sitôt l'appel terminé, Anne Sinclair obtempère. Elle prévient Stéphane Fouks et convient d'un rendez-vous avec lui dès le lendemain matin. À cet instant, elle n'est pas inquiète. Elle sait Dominique oublieux, négligent et parfois même insuffisant, mais elle n'ose imaginer le pire. Des sujets de préoccupation, son mari en a pléthore ces temps-ci, alors que se précise dans son agenda l'annonce de sa candidature aux primaires du parti socialiste, première marche vers l'élection présidentielle.

De fait, lorsqu'elle arrive chez Bruel, à 23 heures, après avoir dîné en compagnie de Jean Frydman (ex-patron d'Europe 1 et grand résistant) et de son épouse Daniela, elle est radieuse et détendue. Rien dans son attitude ne laisse présager une quelconque difficulté. Patrick Bruel rentre chez lui vers 23 h 30 et découvre la trentaine de personnes que sa compagne a rameuté, cinéastes, comédiens et amis d'enfance. Surprise, moment de gaieté et de liesse. Il embrasse chaleureusement Anne, dont il est devenu un des proches depuis sa participation à l'émission « 7 sur 7 » – qu'elle a présentée le dimanche jusqu'en 1997. «Anne m'a tout de suite dit qu'elle ne pouvait pas rester longtemps, précisera Bruel plus tard, car elle souhaitait se coucher tôt pour aller chercher Dominique à l'aéroport, le lendemain, à 6 heures du matin.» Ce soir-là, ils ont beaucoup parlé de la vie, de la politique, des jours heureux qui s'esquissaient, avec une foi tranquille en l'avenir. Anne était, toujours selon Bruel, «une femme radieuse, rayonnante et en pleine forme».

«Dominique a été arrêté...»

Anne Sinclair quitte la soirée un peu après minuit. Tous ceux qui l'ont vue partir témoignent qu'elle ne savait encore rien du drame qui s'était joué quelques heures plus tôt à New York. Et ce n'est que dans le taxi qui la ramène à son domicile qu'elle apprend la nouvelle. Il est environ minuit et demi, heure de Paris (18 h 30 à New York) et cela fait plus de deux heures maintenant que DSK a été débarqué de l'avion d'Air France, dans lequel il avait pris place avant qu'une escouade de policiers new-yorkais ne pénètre dans la carlingue et lui demande de le suivre.

Pour Anne Sinclair, ce sont les prémices d'un calvaire. Débute la nuit la plus longue de sa vie. Une nuit d'angoisse. Une nuit où tout s'effondre. De ces plongées vertigineuses dans l'abysse où même le fond de l'air s'en trouve modifié. Dans le taxi, bouleversée et inquiète, elle va aussitôt passer une volée de coups de téléphone. C'est une femme désemparée, la voix tremblante d'émotion qui joint ses proches, aux premiers rangs desquels Élisabeth Badinter, Rachel Kahn et Jean Frydman qu'elle vient de quitter. Elle va joindre également le cercle rapproché de DSK : des politiques, bien sûr, dont Pierre Moscovici, qui sort tout juste de l'émission de Laurent Ruquier, « On n'est pas couché », diffusée en direct ce soir-là, pour cause d'Eurovision. Mais aussi les principaux conseillers en communication de l'ancien ministre des Finances, ce fameux quatuor composé d'Anne Hommel, de Ramzy Khiroun, de Stéphane Fouks et de Gilles Finchelstein. Elle a également un bon moment au bout du fil le P-DG de Publicis, Maurice Lévy. Cet ami de longue date du couple Sinclair–Strauss-Kahn fonda avec ce dernier, au milieu des années quatre-vingt-dix, le Cercle de l'industrie, un lobby patronal français chargé notamment de promouvoir l'image et les intérêts industriels de l'Hexagone auprès de l'Union européenne. Et c'est ce publicitaire de renom, très apprécié de la communauté juive américaine – dont il est régulièrement l'hôte d'honneur – et de l'establishment new-yorkais qui va entrer en contact avec le cabinet d'avocats de DSK et tenter de faire jouer ses importants réseaux aux États-Unis, afin de venir en aide à cette épouse défaite.

Jetée hors de son lit, Anne Hommel se précipite place des Vosges où elle découvre une Anne Sinclair effondrée. C'est elle qui la supplie et la convainc de quitter au plus vite son domicile afin d'échapper à la noria de journalistes qui s'apprête à débouler.

Tous ont à cœur de protéger Anne, car ils se demandent si cette affaire-là ne va pas être celle de trop pour une femme qui a déjà beaucoup enduré. Vers 2 heures du matin, l'ex-star de TF1 va donc se réfugier chez Jean et Daniela Frydman, ce couple d'amis proches qu'elle vient de quitter : un refuge consolateur pour une nuit blanche.

Durant ces longues heures d'attente et d'incertitude à tenter d'imaginer ce qui a bien pu se passer dans la suite 2806, Anne Sinclair réalise-t-elle que son destin vient de sombrer à l'instar de celui de son mari? À quel moment perçoit-elle l'ampleur de la catastrophe? À quel instant comprend-elle que tout est fini? «Du plus haut on est, du plus haut on tombe», enseigne la sagesse chinoise. Comment cette femme choyée des dieux, ex-icône du petit écran, héritière richissime de son grand-père, le marchand d'art Paul Rosenberg, aurait-elle pu imaginer que cette sentence s'appliquerait un jour à sa vie ?

Depuis que Dominique est au zénith des sondages, elle est, à chacun de ses passages à Paris, reçue comme une future première dame et traitée avec les égards dus à son – futur – rang. Les amis se bousculent, de nouveaux font leur apparition, les dîners s'enchaînent, les médias s'enflamment, des ouvrages fleurissent, sur elle, son mari, leur fabuleux itinéraire. Côté vie privée, elle nage aussi dans le bonheur. Elle attend d'un jour à l'autre la naissance de son premier petit-enfant, à elle (DSK, lui, est déjà plusieurs fois grand-père). L'un des deux fils qu'elle a eus avec son premier mari, Ivan Levaï, va être papa.

En décembre 2010, dans un café de la place des Vosges où elle accorde ses entretiens, Anne Sinclair nous avait confié sa joie d'être à son tour bientôt grand-mère. Le bonheur est ainsi : il faut des années pour le bâtir, et un rien peut le briser. Celle qui se voyait aux portes de l'Élysée se retrouve donc à celles de l'enfer. Il ne fait que commencer.

Il faut sauver le soldat DSK

Appelé à la rescousse, l'ami de la famille, l'avocat Jean Veil, fils de Simone, est lui aussi en liaison directe avec les avocats new-yorkais. Informé par son réseau, Maurice Lévy fait savoir que l'affaire s'annonce mal, très mal, et qu'il faut se préparer au pire. DSK risque l'inculpation, et peut-être même la prison.

C'en est trop pour Anne Sinclair, qui craque devant ses amis impuissants. De son côté, la garde rapprochée de DSK comprend que l'enjeu est désormais sa liberté et rien d'autre. Le reste devient dérisoire. Il n'y aura plus de campagne, plus de combat, plus d'ascension menée au pas de charge vers la plus haute marche de l'État. Ils sont sonnés, déboussolés, assommés. En tombant, DSK les entraîne avec lui dans sa chute. Eux qui étaient promis à un si bel avenir voient brutalement tous leurs espoirs et leurs rêves s'envoler.

C'est la mobilisation. Durant la nuit, sans doute la plus longue de leur vie, les conseillers en communication du patron du FMI échafaudent une stratégie pour tenter de sauver leur champion. Dans quelques heures, la France va se réveiller et apprendre la nouvelle. Que dire aux médias qui ne vont pas tarder à se déchaîner et faire le siège du premier cercle, à défaut d'atteindre Anne Sinclair et les siens? Première urgence : mettre en doute l'acte de violence sans se prononcer sur le fond. Il faut donc imaginer une formule suffisamment ambiguë et habile pour réaffirmer la confiance des socialistes en leur leader, tout en évitant de donner l'impression de le disculper, au cas où…

C'est ainsi qu'ils tombent d'accord sur la fameuse locution reprise par l'ensemble des soutiens de DSK : « Cela ne lui ressemble pas. » Un bijou de subtilité. Cette formule deviendra le mot d'ordre que les socialistes seront priés de distiller dans chacune de leurs réactions. Pratique pour se donner un peu d'air et voir venir...

Réveillé à 5 heures, comme tous les dimanches pour sa revue de presse sur France Inter, Ivan Levaï se branche comme à son habitude sur France Info. Ce qu'il apprend le cloue sur place. Il appelle aussitôt son ex-femme sur son portable. « C'est étrange, mais ce matin-là, j'ai ouvert l'œil à 4 h 30, un quart d'heure avant le réveil, ce qui ne m'arrive jamais, raconte-t-il au *Journal du dimanche*. Je me suis levé plutôt que de rester au lit, ce qui est étrange aussi. Et j'ai branché la radio... J'ai mis une demi-heure à réaliser vraiment. Après le flash de 5 heures sur France Info, j'ai appelé Anne. » C'est une amie qui a décroché. « J'ai demandé où est Anne ? Elle m'a expliqué qu'elle était à ses côtés, et j'ai compris qu'elle ne pouvait pas parler. »

Ce dimanche, 8 h 15 en France (2 h 15 à New York), le pressentiment de Maurice Lévy se confirme. DSK est inculpé d'« acte sexuel criminel, de tentative de viol et de séquestration ». En droit américain, un acte sexuel criminel désigne une fellation, ou une pénétration anale sur une personne non consentante. Le viol désigne la pénétration vaginale. À Paris, c'est la consternation. « On se disait que c'était un cauchemar, qu'on allait se réveiller et que tout allait s'arrêter », relate un proche. Tous les regards se tournent encore et toujours vers Anne, qui ne peut retenir ses larmes. « C'était affreux pour elle. Elle ne voulait pas y croire. Elle qui a toujours été dans le déni des frasques de Dominique se retrouvait dans une réalité qu'elle avait refusé d'affronter jusque-là. Sans doute parce qu'elle ne pouvait pas. Anne est une femme qui souffrait. Ne pas en parler était sans doute sa façon de se protéger. »

Dans l'après-midi du dimanche (en France), les avocats new-yorkais contactent la famille. DSK a décidé de plaider « non coupable » et nie tous les faits qui lui sont reprochés. Ils demandent à Anne Sinclair de publier un communiqué de soutien à son mari en urgence, car c'est bien sa liberté qui se joue dorénavant. « Madame, ont-ils argué, malgré le choc de cette nouvelle et les heures terribles que vous vivez, malgré ce que vous ressentez, il faut absolument que vous fassiez connaître au monde votre certitude que votre mari est innocent. » Avant d'ajouter : « Il serait également préférable que vous veniez à New York. »

Anne Sinclair, bien sûr, s'exécute. Elle signe un texte bref dans lequel elle affirme ne pas croire « une seconde aux accusations » contre son mari et ne pas douter que son « innocence soit établie ». Elle conclut en appelant « à la décence et à la retenue ». Le communiqué est publié à 16 h 49, heure de Paris (10 h 49 à New York).

Mais Anne Sinclair et le staff de Strauss-Kahn n'échappent désormais pas à une remise en cause de fond de leur attitude autour de leur héros. Ils ont sans doute eu le tort, pendant toutes ces années, d'ignorer ou de nier ses écarts répétés. L'énergie mise à les minorer ou à les camoufler n'aurait-elle pas dû être déployée à l'en protéger ? Ces indulgences coupables et répétées ont-elles développé chez le futur candidat un sentiment d'impunité, de toute-puissance, voire d'irresponsabilité, puisque, à chaque incartade, passaient derrière lui les « nettoyeurs » ? Laure Adler, pourtant amie du couple, posera la question sur un plateau de télévision. Pourquoi rien n'a été fait pour éviter à leur champion de devenir son propre bourreau, et la première victime de ses démons intimes ?

Pensent-ils à tout cela, les augustes stratèges en regardant en boucle sur les chaînes d'infos la maison Strauss-Kahn brûler ? Il est désormais trop tard pour se lamenter. La comparution devant le juge, qui doit décider ou non de sa liberté, est prévue dans quelques heures. Le ciel déjà noir s'assombrit encore au fil de la journée. Les avocats prennent peu à peu connaissance des premières informations concernant la victime présumée. Elle est présentée comme une femme honorable, sérieuse, stable. Mauvais pour leur client. Elle doit venir d'ici peu l'identifier au commissariat. En outre, la question de l'immunité diplomatique qui aurait pu protéger Strauss-Kahn est d'ores et déjà levée : ce dernier était en week-end privé à New York, et ne peut donc se prévaloir de son statut de diplomate.

La fille de Dominique, Camille Strauss-Kahn, est contactée à son tour par les avocats. La presse a déjà eu connaissance du déjeuner qu'elle a eu avec son père après son départ du Sofitel. Or, chaque information est susceptible d'être retenue contre l'accusé. Camille est priée elle aussi de se taire et d'être discrète. Après quelques mots de réconfort échangés avec sa belle-mère, la plus jeune des filles de DSK propose d'accueillir celle-ci chez elle à son arrivée à New York. Trop dangereux, estime l'entourage. Anne ira dans un lieu secret à l'abri des médias.

Sage décision. Car, aux États-Unis, la presse se déchaîne. Le scandale fait la une de tous les quotidiens. Le *Daily News*, tabloïd réputé pour ne pas faire dans la dentelle, exhibe en première page une photo accablante de DSK, titrée « *The perv* » (pervers). On ne saurait faire pire…

Accusé 1225782

À New York, le dimanche en fin d'après-midi, tout s'accélère. Arrivée camouflée sous un drap, la victime présumée identifie formellement Dominique Strauss-Kahn au milieu de plusieurs hommes. La police demande alors à effectuer des prélèvements ADN sur DSK et à vérifier l'état de son torse, que son accusatrice affirme avoir griffé durant son agression. Ces requêtes, soumises à l'obtention de mandats spécifiques, retardent la comparution devant le juge, initialement prévue en début de soirée. Moment de flottement dans la défense. Refuser ces investigations signerait un aveu de culpabilité. Accepter, c'est s'exposer à des résultats positifs. En outre, l'heure tourne et le juge va bientôt finir sa journée de travail. Cette perte de temps risque de décaler la comparution au lundi. Les avocats parlementent pour obtenir un sursis de la police, arguant que ces recherches ADN peuvent très bien être effectuées le lendemain. Refus de la police qui redoute que les « preuves physiques » s'effacent durant la nuit. DSK, défait et mutique, n'a d'autre solution que de s'y soumettre. Les avocats comprennent qu'à défaut de devoir nier le rapport sexuel, ils devront faire valoir que celui-ci n'était pas forcé.

À Paris, une nouvelle nuit blanche débute. Les traits sont tirés, les visages livides. Le staff n'a pas dormi depuis plus de vingt-quatre heures. Il se débat sur tous les fronts. Outre les événements à Manhattan, il faut contrôler ce qu'il se passe en France. Les déclarations de Martine Aubry et Ségolène Royal sont saluées pour leur dignité et leur réserve (surtout celle de Ségolène qui surprend tout le monde). Mais il faut surtout gérer le désarroi des élus, des proches, des amis qui ne cessent d'appeler, de venir aux nouvelles, de pleurer et demander ce qu'ils « doivent dire aux médias ». Dans l'émotion, personne n'a un mot de compassion pour la victime présumée.

Mais, comme si tout cela ne suffisait pas, une autre catastrophe pointe le bout de son nez. Un peu plus tôt, dans l'après-midi, sur I-Télé, Anne Mansouret, la mère de Tristane Banon raconte comment DSK a agressé sexuellement sa fille quelques années plus tôt au cours d'une interview. L'histoire est connue des cercles autorisés, mais n'a jamais été prouvée, faute d'un dépôt de plainte. Tristane l'a révélé lors d'une émission présentée par Thierry Ardisson sur Paris Première, mais le nom de l'ancien ministre qu'elle citait avait été bipé au montage. Anne Mansouret confirme que c'est elle qui a dissuadé sa fille de porter plainte (Tristane est la filleule de Brigitte Guillemette, ex-femme de DSK et amie de Camille, la fille qu'ils ont eue ensemble) et qu'elle le regrette à présent. Elle-même élue PS, Anne Mansouret relate avec force détails dans quel état elle a retrouvé sa fille après l'agression et l'entretien qu'elle a eu avec Strauss-Kahn quelques jours plus tard. Celui-ci s'était excusé de son comportement, expliquant qu'il avait « pété un plomb ». Au cours de cette interview, elle annonce que Tristane compte déposer plainte contre DSK – ce qu'elle ne fera finalement pas.

Dans le staff du patron du FMI, c'est la consternation. Quelle que soit la vérité, quelles que soient les motivations d'Anne Mansouret, la révélation de ce supposé fâcheux précédent tombe au plus mauvais moment. Nul doute qu'à New York, le substitut du procureur ne manquera pas d'utiliser cette information contre l'accusé devant le juge.

La comparution devant le juge, justement. Prévue initialement en fin de journée, elle est finalement repoussée à lundi matin. Est-ce à cause des prélèvements supplémentaires demandés par la police ? Y a-t-il embouteillage dans le tribunal, où défile à tour de rôle toute une faune interlope de petits délinquants ? Car, là encore, DSK n'a droit à aucun passe-droit. Il attendra son tour, comme les autres. Et ce sera le lendemain.

À 23 heures à New York (5 heures du matin, le lundi 16, heure française), c'est la déflagration. L'humiliation suprême que tout le monde redoutait. Le choc absolu. DSK, défait, les traits tirés, mal rasé, sort du commissariat, menotté dans le dos, encadré par deux policiers, sous une meute de flashes déchaînés. Image surréaliste. Son passeport, apprend-on, lui a été confisqué. Il monte dans une voiture banalisée, qui démarre aussitôt. À Paris, les proches éteignent la télé. Insupportable. Insoutenable. Anne Sinclair, selon nos informations, n'est pas devant son écran à ce moment-là. Elle refuse de voir ces images de cet homme humilié, exhibé, déchu, qui est son mari. On se croirait dans une série policière américaine du dimanche soir. Une de ces productions caricaturales et un tantinet manichéennes où le méchant puissant est confondu à la fin, juste avant le générique. Hypnotisées par ces images, les chaînes d'infos les diffusent et les rediffusent en boucle.

The Good Wife

À 10 h 39, heure de Paris, le lundi 16 mai, après une deuxième nuit d'épouvante, Anne Sinclair s'envole pour New York. C'est une femme brisée mais qui « tient le coup » selon un proche. Elle est accompagnée d'Anne Hommel, spécialiste de la presse américaine au sein de l'équipe des quatre communicants. Il a fallu ruser pour que l'ex-journaliste parvienne à rassembler quelques effets personnels à son domicile sans être repérée par les médias.

Si Anne part, c'est qu'il y a désormais urgence. D'aucuns craignent à présent que la justice américaine veuille faire un exemple avec DSK. Sa comparution devant le juge Melissa Jackson est prévue dans la matinée du lundi. Les observateurs avertis notent qu'à New York, le climat devient délétère. La presse américaine s'en prend maintenant aux Français et n'a pas de mots assez durs pour fustiger leurs mœurs légères et leur manque de moralité. Le *Wall Street Journal* souligne ainsi dans un éditorial sévère que «les Français sont connus pour leur nonchalance légendaire à l'égard de l'appétit sexuel de leurs hommes politiques [...] Mais on doute que même les Français puissent rester indifférents devant l'agression sexuelle d'une femme de chambre». Il ajoute que l'arrestation de DSK est «une humiliation personnelle pour l'homme politique français, mais c'est aussi une marque noire sur le FMI qui a choisi d'ignorer son comportement sexuel dans le passé».

Indifférents au sort d'une femme de chambre, les Français? La question se pose, en effet, quand on entend s'exprimer durant ces jours de tourmente le réseau amical de DSK, qu'il soit politique ou médiatique. La gauche bien-pensante et vertueuse montre une belle solidarité, mais une solidarité... de caste! Pendant plusieurs jours défileront ainsi sur les écrans des images désastreuses d'une gauche oublieuse de ses valeurs et de ses fondamentaux (que l'on pourrait résumer par la protection des plus faibles) pour défendre un des siens. Jean-François Kahn parle d'un «troussage de domestique» (certes, il s'excusera plus tard, mais le mal est fait). Jacques Lang déclare qu'il n'y a «pas mort d'homme» (en guise d'excuses, il soutiendra que ses propos ont été sortis de leur contexte). Même l'ex-ministre de la Justice de François Mitterrand, le très sage et très respecté Robert Badinter, ami intime du couple Strauss-Kahn, se fera morigéner lors d'un débat par Laurent Joffrin, directeur du *Nouvel Obs*, pour n'avoir pas eu un mot de compassion pour la femme de chambre.

Autant de réactions et de commentaires emblématiques de cette « arrogance française » si mal perçue aux États-Unis. Et puis, n'oublions pas, le précédent Polanski. Le réalisateur franco-polonais, accusé de viol sur mineure en 1977, ne s'est jamais présenté à la justice américaine. Et la France a toujours refusé de l'extrader.

Voilà pour le contexte. Ajoutez à cela un procureur, Cyrus Vance Jr., obsédé par l'éthique, célèbre pour sa défense des femmes battues, et qui joue sa réélection sur cette affaire.

À 10 h 51, heure de New York, tandis qu'Anne Sinclair survole encore l'Atlantique, Dominique Strauss-Kahn, toujours menotté et défait, arrive au tribunal. Les chefs d'accusations énoncés par la justice américaine sont passibles de peines qui, s'additionnant, peuvent atteindre soixante-quatorze ans de prison. Malgré les arguments de Benjamin Brafman, malgré la caution de 1 million de dollars proposée comme garantie (avant de partir, Anne Sinclair a donné son accord pour la verser), malgré la promesse de résider chez sa fille et de coopérer, malgré l'arrivée prochaine de sa femme, la juge Melissa Jackson lui refuse la liberté. Il est 11 heures du matin à New York, 17 heures en France. Un des hommes les plus puissants du monde, patron du FMI, favori de l'élection présidentielle française, part dormir en prison. Incroyable épilogue.

Anne Sinclair apprend la terrible nouvelle quelques minutes après son atterrissage. Curieusement, alors que les photographes guettent les passagers des vols en provenance de Paris, elle réussit à échapper à leur surveillance : aucun cliché de l'arrivée de l'épouse de DSK à l'aéroport JFK, La Guardia ou Newark ne sera diffusé dans la presse. Alors qu'elle pensait retrouver son mari le soir même chez sa belle-fille, c'est un nouveau coup de grâce. Anne Hommel n'a plus assez de mots pour la réconforter. Le cauchemar semble ne jamais devoir s'arrêter. Dominique emprisonné à Rikers Island ! Que s'est-il passé ? Pourquoi ? Les avocats semblaient confiants. On lui explique que le substitut du procureur a fait valoir les risques de fuite, que son départ précipité du Sofitel pouvait être interprété comme tel, que le précédent Polanski a été évoqué, que la France n'extrade pas ses ressortissants… N'en jetez plus ! Elle se voyait première dame de France, elle se retrouve épouse d'un prisonnier. L'opprobre et la honte au lieu des honneurs.

Le mari volage pourrait-il être un mari violeur ? Elle ne peut décidément pas le croire, ni l'imaginer. Elle connaît son homme, ses faiblesses, sa désinvolture, sa réputation de séducteur impénitent (contre laquelle certaines de ses amies ont tenté en vain de la mettre en garde et avec lesquelles elle s'est brouillée). Elle le connaît intimement, depuis si longtemps. Certes, elle souffre en secret de ses infidélités multiples. Lorsque « Le Grand Journal » de

Canal + l'invite, en novembre 2010, elle ne formule qu'une seule exigence avant d'accepter : que les chroniqueurs de l'émission n'évoquent pas à l'antenne le côté séducteur de son mari. C'est une fêlure qu'elle porte seule. Mais ça, non, il n'a pas pu le faire, elle en est certaine. Et c'est dans cette certitude ancrée en elle qu'elle puise la force de tenir et de le soutenir. Seule contre tous.

Rikers Island, l'un des plus grands centres pénitentiaires des États-Unis situé sur une île au nord-est de Manhattan entre le Bronx et le Queens, jouit d'une sinistre réputation. Il y règne une violence extrême. Les conditions de (sur)vie sont si pénibles que ceux qui y séjournent restent marqués à vie et se jurent, paraît-il, de ne jamais y revenir. Les prisonniers ont droit à trois visites par semaine. Y accéder relève du parcours du combattant. Il faut s'entasser dans des navettes vétustes pour atteindre l'un des dix bâtiments carcéraux, patienter dans d'interminables files d'attente, subir une fouille au corps et autres joyeusetés… Autant dire qu'il faut être motivé. Anne Sinclair va-t-elle se plier à cet exercice et subir une humiliation de plus ? Malgré des rumeurs annonçant sa venue le mardi, puis le mercredi, il n'en a jamais été question. L'ex-journaliste refuse tout net de voir son mari dans de telles conditions. Trop éprouvant pour elle. Trop dégradant pour lui. À cela s'ajoute la crainte des photographes qui ne manqueraient pas d'immortaliser l'ex-star de « 7 sur 7 » au milieu des épouses et des familles de condamnés.

D'autant qu'une deuxième audience devant le juge est prévue le jeudi 19 mai pour examiner une nouvelle demande de mise en liberté formulée par les avocats. Cette fois, ils comptent mettre le paquet pour obtenir la libération de leur client : garanties financières plus importantes, mesures de surveillance renforcées, port permanent d'un bracelet électronique. Des contraintes drastiques destinées à rassurer le juge quant à un éventuel risque de fuite. Il faut également déclarer un lieu de résidence. Les avocats prient Anne Sinclair de se mettre en quête d'un logement dans les plus brefs délais. Aidée par Anne Hommel, cette dernière cherche et trouve rapidement un appartement à louer dans le très chic quartier de l'Upper East Side, sur la 65e Rue, tout proche de Central Park. Il s'agit du Bristol Plaza, une résidence de luxe où il faut montrer patte blanche – autrement dit sa carte de crédit Infinite – pour être accepté. Aucun problème pour l'ex-star de TF1. Le contrat de location est signé, selon nos informations, la veille de l'audience. Le propriétaire comme les résidents de l'immeuble ignorent à ce moment-là le nom de leur futur voisin.

Le 19 mai, Anne Sinclair et Camille, la plus jeune fille de Strauss-Kahn, pénètrent dans le bâtiment de la Cour suprême de l'État de New York, devant une forêt de caméras et d'appareils photo. On devine l'épreuve endurée par les deux femmes, qui se soutiennent mutuellement. Aucune ostentation, pas de lunettes noires, ni maquillage ou bijoux, ont recommandé les avocats. Il faut à tout prix éviter de donner l'image d'une famille de nantis dont les signes extérieurs de richesse seraient malvenus dans ce contexte. Message reçu. Anne Sinclair se présente dans une tenue sobre, le visage pâle et les traits tirés. On connaît la suite. Le juge Michael Obus autorise la libération sous conditions. Ces dernières sont drastiques : une caution de 1 million de dollars assortie d'un dépôt de garantie de 5 millions de dollars (lesquels seront saisis par la justice si les conditions de libération ne sont pas respectées). Le désormais ex-directeur général du FMI est assigné à résidence dans un appartement de New York. Il devra l'équiper à ses frais d'une vidéo surveillance activée vingt-quatre heures sur vingt-quatre et payer le personnel chargé de le surveiller. Il portera un bracelet électronique, ses sorties (uniquement pour des motifs religieux, médicaux ou judiciaires) seront limitées et soumises à autorisations. *Idem* pour ses visites. Des mesures dont le coût est, au bas mot, estimé à 200 000 dollars par mois.

Le soulagement est tel, à la fin de l'audience, que cette fois Anne Sinclair répond au baiser que lui envoie son mari alors qu'elle avait ignoré le geste affectueux qu'il lui avait adressé en entrant dans la salle. Elle repart au bras de sa belle-fille, sans un regard vers les caméras qui l'encerclent, sans saisir les cartes de visite que lui tendent les reporters en quête d'une interview exclusive.

Persona non grata

Hélas, dès le lendemain, lorsque la nouvelle adresse du prisonnier de Rikers Island est révélée, c'est la douche froide. Affolés par le déploiement de caméras sous leurs fenêtres, les résidents du Bristol Plaza déclarent DSK *persona non grata* dans l'immeuble. «Il ne paraît pas très juste qu'il soit là parmi nous, à profiter de notre hospitalité, après ce qu'il est accusé d'avoir fait», déclare une locataire au *New York Times*. «C'est un désagrément pour nous tous. Je ne veux pas de ce genre de publicité chez moi», assène une autre. Ils ne sont pas les seuls à refuser d'accueillir l'ex-prisonnier, devenu un paria. Quelques heures plus tôt, les avocats de l'université de Columbia, où sa fille Camille poursuit ses études, ont également fait savoir au procureur du district qu'ils ne voulaient pas que DSK réside chez sa fille, dans un appartement situé tout proche du campus.

Nouveau coup dur pour Anne Sinclair (mais elle n'est plus à ça près), qui se voit contrainte de repartir en urgence à la recherche d'une nouvelle résidence. Alors que Dominique passe sa dernière nuit en prison, effondrée, elle appelle à l'aide tout son réseau parisien. À Paris, c'est la consternation. Les amis ne savent que faire pour épauler cette épouse désespérée, qui n'avait jamais connu pareille infamie. Car Anne Sinclair s'est vite rendue à la raison. Les quelques coups de fil passés le vendredi pour trouver un nouveau logement se sont tous soldés par des réponses négatives. Personne ne veut de DSK à New York! Elle a bien essayé de proposer des sommes supérieures à celles requises. Rien n'y a fait. «C'est la catastrophe», explique-t-elle, en larmes, à ses amies. Dans la capitale, les proches du couple se mobilisent. Maurice Lévy, Bernard-Henri Lévy, Patrick Bruel et d'autres sollicitent leurs relations new-yorkaises pour tenter de sortir les Strauss-Kahn de l'ornière. Bruel, qui dispose d'un carnet d'adresses considérable dans le show-biz, sera un de ceux qui se démèneront le plus pour trouver une solution. Il sera, durant ces jours sombres, l'un des plus précieux alliés et réconforts d'une Anne Sinclair dévastée. En attendant, c'est la société privée chargée de la surveillance de DSK qui résout le problème. Un appartement situé, ironie du sort, sur Broadway, au 71, en plein cœur du quartier financier de Manhattan, est provisoirement affecté au couple en attendant une alternative durable.

Mais le provisoire dure plus longtemps que prévu. Malgré les réseaux, malgré l'escouade d'agents immobiliers sollicités, dès qu'une adresse est avancée, les copropriétaires refusent d'accueillir DSK. À New York, en effet, les habitants peuvent donner leur avis sur les personnes qui emménagent à côté de chez eux, et éventuellement le récuser si celui-ci n'a pas l'heur de leur plaire. Curieuse pratique qui laisse le champ libre à toutes les discriminations. En théorie, une telle ségrégation est illégale, et la famille Strauss-Kahn pourrait très bien attaquer en justice ceux qui leur ferment la porte au nez. Mais on devine que ce n'est pas vraiment le sujet, ni le moment. Puisque l'entrée de nombreux immeubles leur a été refusée, reste donc à trouver une maison. C'est un des agents immobiliers mandatés par l'ex-star de TF1 qui dégote une demeure récemment restaurée, sur Franklin Street, au 153, dans le quartier bobo de Tribeca. 630 mètres carrés à louer pour la modique somme de 50 000 dollars par mois. C'est exorbitant, mais le temps presse. Anne Sinclair n'en est plus à un zéro près sur son chéquier. L'affaire se conclut rapidement et le juge autorise le transfert de DSK. Conduit par une escorte de vigiles, ce dernier y emménage le mercredi 25 mai en fin d'après-midi. Ce mini palais équipé d'une salle de sport, d'une autre de cinéma et d'une terrasse fait beaucoup gloser par son opulence. D'aucuns jugent cet étalage d'argent indécent.

Depuis le 26 mai, Anne Sinclair et Dominique Strauss-Kahn vivent donc là, dans une ambiance que l'on dit morose. Déprimé, sous calmants, DSK dort beaucoup, fait un peu de sport et trompe son ennui en jouant aux échecs sur son iPad. Il téléphone peu, contrairement à ce qui a été écrit, à ses anciens amis socialistes. Pour leur dire quoi ? Il vit replié sur lui-même. Son épouse, qui peut, elle, aller et venir à sa guise, est photographiée chez son coiffeur ou en train de faire des achats. À Paris, elle a manqué la naissance de son premier petit-enfant. Qu'importe, il faut tenir.

Sans surprise et comme annoncé, DSK a plaidé « *not guilty* » le 6 juin 2011, lors de l'audience préalable devant le tribunal de Manhattan, ouvrant la voie à une procédure et sans doute à un procès. Quel qu'en soit le verdict, le scandale Strauss-Kahn signe l'épilogue d'une ascension flamboyante menée au pas de charge qui, échouant sur la dernière marche, s'achève dans la boue et l'opprobre. Tout avait pourtant si bien commencé…

2

Chabada-bada

Pour rentrer dans cette détonante histoire, il faut d'abord plonger dans le mystère de la leur. Quelle est cette loi de la gravité qui fait que ces deux êtres, par la magie de l'attraction, continuent de graviter l'un autour de l'autre, sans que l'on sache qui, de l'une ou de l'autre, est l'aimant et qui la limaille ? Quelles sont les clauses confidentielles d'un contrat non écrit qui garantit ainsi depuis plus de deux décennies la pérennité d'un couple aux ressorts insoupçonnés ? Par quelle alchimie cette femme de tempérament, au caractère entier et à la rectitude éprouvée est-elle devenue l'indéfectible et premier soutien d'un homme capable de faire passer son plaisir avant le salut de la nation ? Bref, qu'est-ce qui peut unir deux individus aussi dissemblables ? Un bulldozer coutumier de belles embardées et de solides catastrophes, d'un côté. Une femme d'airain au mental en titane, jamais déboulonnée de son piédestal depuis ses tout premiers pas dans un métier dont elle fut une icône, de l'autre.

Le bouledogue et le papillon

C'est déjà, au milieu des années quatre-vingt, une masse de sensualité paysanne, avec son côté ribaud et paillard. Le regard, lourd et vrillant, effleure d'abord, pour s'emparer ensuite. Comme un propriétaire terrien qui observe de loin, un soir de bal, la plus belle fille du village et sait que, le moment venu, il saura lui roucouler, d'une voix rauque et sensuelle, les quelques mots qui la feront chavirer, Dominique fait déjà des ravages sur les terrains de chasse des beaux quartiers parisiens.

Venu à la politique à pas comptés, il a appris dans les herbages du parti socialiste à jauger les bestiaux du sérail (les Jospin, Mauroy, Fabius ou Rocard), sans jamais perdre de vue les gourgandines en jupons qui gravitaient alentour : de jeunes femmes qu'il agrafe du regard, puis tient à bout de gaffe, avant de les plonger dans sa besace. Pêcheur d'exception, Dominique sait comme personne faire siffler son moulinet, ramenant vers la rive ses conquêtes du moment, qu'il emmène taquiner le péché plus loin, au bord de la rivière... Imagine-t-il qu'un jour, ce sport dont il a fait une addiction l'entraînera un pont trop loin, le plongeant dans la nasse ? Et atomisant son destin...

Ce sont deux yeux d'un bleu étourdissant, d'une beauté cristalline, comme fabriqués sur mesure par des dieux diamantaires. Deux cristaux rivés au milieu d'un visage de porcelaine qui polarisent les regards et bouleversent toutes les lois de l'attraction. Préposée à la grâce, Anne semble être venue sur Terre pour affoler une gent masculine déboussolée et en lévitation.

Tout chez elle est lumineux, régulier, intense : née pour être icône, elle crépite la classe. Alchimiste d'elle-même, cette jeune pousse du petit écran, tout juste éclose pour le petit monde de l'audiovisuel, se métamorphose, à l'envi, en femme fatale, dès lors qu'elle apparaît sur un plateau de télévision, irradiant l'armée de ses courtisans : des machos qu'elle transforme d'une roucoulade en une cour, mystique et à plat ventre. Des machos aux petits soins, prêts à toutes les promesses, à tous les parjures pour la conquérir...

C'est, à le voir avec sa barbe naissante, ses vieux blazers, ses pantalons tire-bouchonnés et ses pulls de camionneur qu'il enfile le dimanche, un hidalgo mal léché. Il lui manque le raffinement et l'élégance. Tout ce qui est raffiné en lui est écrasé sous une épaisse couche de vernis universitaire, post-soixante-huitard : un négligé-chic-rive-gauche qu'il semble cultiver avec constance et application.

Reste, pour la galerie masculine, l'image d'un maître-étalon de la drague jalousé qui tombe les poules en batterie : doté d'un solide bagout, il s'emploie à afficher, en toutes circonstances, une sorte de hauteur désabusée et un look de gentleman-farmer, un brin dépenaillé, qui font l'étonnement et l'agacement de ses rivaux. Le « style Strauss ».

Dominique n'a pas son pareil pour soulever de jeunes étudiantes alpaguées sur les bancs de la fac ou faire chavirer d'une simple tirade, tantôt des bécasses, ravies de se trouver soudainement si intelligentes, qu'il embarque ensuite dans des cavalcades amoureuses, tantôt de jolies amazones plus madrées, qu'il subjugue de la même manière, avec une vélocité rare. Des dures à séduire qu'il aborde à la hussarde et emporte dans des toboggans de mots et des compliments à ce point ourlés, qu'elles consentent, épuisées, à capituler.

D'immenses pull-overs en mohair l'enveloppent. Une armure de laine qui lui donne l'allure d'une écolo au look tire-bouchonné, tout droit sortie d'une communauté hippie du Larzac des années soixante-dix. Ainsi nippée, elle se moque qu'il s'habille, lui, comme un sac. Bobo avant l'heure, «Anne de TF1» – comme on aurait dit Catherine d'Aragon ou Isabelle d'Autriche –, balaie d'un revers de phrase ceux qui s'étonnent qu'elle trouve du charme à cette célébrité de cénacle à l'allure dégingandée, jusqu'ici inconnue du grand public.

Et elle s'emporte quand, pour la mettre en garde, certaines de ses intimes évoquent, en confidences, les chasses célèbres de ce cœur solitaire obsédé, raille-t-on, par les rendements comparés et dont la carcasse exige régulièrement, ajoute-t-on, le plein de carburant féminin... Des ragots et des vacheries, se dit-elle. Et quand bien même il multiplie les conquêtes : il l'électrise.

Quant à lui, il suffoque quand se produit, chaque semaine sur TF1, le miracle cathodique, et que la lumière caressante des spots transforme, comme par magie, la jeune femme aux souliers plats et aux «chandails» en cotte de mailles en une diva des plateaux. On ne voit alors plus qu'elle, posée tel un papillon planté au milieu d'un tapis de billard : « La plus belle femme du monde », décideront un jour les Français, à travers les sondages...

Qui est-il, ce personnage aux yeux noirs, soulignés de poches semblables à celles d'un bouledogue usé par les veilles ? Un jeune député socialiste, fraîchement élu dans le Val-d'Oise (à Sarcelles), doublé d'un économiste de talent, dont les numéros de haute voltige l'amènent à prendre la présidence de la Commission des finances de l'Assemblée. Dominique Strauss-Kahn est alors plus connu de ses anciens élèves d'HEC ou de l'ENA que des Français, pour qui cet ancien membre du Ceres, une crypte du PS tenue par Jean-Pierre Chevènement et Georges Sarre, est un éléphanteau parmi les mammifères de la mitterrandie.

Un ovni, aussi. L'un des rares à parler dans les rangs du PS, à l'époque, un dialecte truffé de borborygmes, que seuls quelques rares initiés, passés par des écoles de commerce, comprennent. Car ce dialecte, à l'alphabet obscur, sert de matrice à d'étranges mots ou expressions, inconnus des élites comme du grand public. Y voisinent « CAC 40 », « structure de titrisation », « price rollback », « cash pooling », « business model »... Un vocabulaire qui fait de Dominique Strauss-Kahn un pionnier au sein d'un parti où, jusqu'ici, parler d'économie de marché et de croissance à deux chiffres, c'était se parjurer, se dévoyer.

Pour Anne, qui l'a entendu à quelques reprises vaticiner sur les grands équilibres économiques de la planète, avec une vélocité déconcertante, ce chaman aux gris-gris insolites, a à l'évidence une case de trop. Si bien que ce funambule de la politique l'envoûte.

Si ce Dominique qui gravite non loin des premiers cercles et de la cour de François Mitterrand n'a pas encore un nom, et encore moins son rond de serviette à la table du locataire de l'Élysée, Anne, elle, a déjà sa plaque au fronton d'une profession, dont elle n'est pourtant que la benjamine.

Cela fait cinq ans à peine qu'elle dispute à Christine Ockrent le titre de vestale dans un paysage télé qui l'a précocement statufiée. Dressée sur ses ergots, toutes griffes dehors, altière et sans partage, la première travaille chaque jour son autoportrait au burin et porte haut son diadème de « reine ». Discrète, le teint couleur miel, les cils en persiennes et des mèches savamment indociles, en friselis, à l'orée du front, la seconde se brode à l'aiguille un statut de dauphine. Sillonnant les allées de la politique – une maille à l'endroit –, dont elle invite le gratin sur son plateau, et se constituant un solide réseau – une maille à l'envers – au sein d'un métier qui loue son professionnalisme.

« Il est pas mal ton mec ! »

Dominique, pour la conquérir, lui aurait écrit cent pages de feu. Mais il est trop pressé. Comme s'il s'agissait d'un missile dont on aurait verrouillé la cible, l'intéressé a le regard fixé sur celle qu'il peine à approcher et qu'une phalange de familiers protège. Lors d'une édition de « 7 sur 7 », au cours de laquelle elle reçoit l'essayiste Alain Minc, il bondit sur son téléphone afin de proposer, au terme de l'émission, à celui qui deviendrait plus tard, en 2007, le conseiller de Nicolas Sarkozy de le rejoindre, en compagnie d'Anne Sinclair, dans un restaurant où il a réservé la meilleure table. « Amène-moi cette fille, cela fait des mois que je rêve de la rencontrer. » Mais Alain Minc de lui répondre que cela lui semble un peu diffi-cile, puisqu'il a prévu, lui aussi, d'emmener dîner Anne, le même soir. Laquelle est accompagnée de son époux, à l'époque le journaliste Ivan Levaï. Pour DSK, ce n'est alors que partie remise.

Il faudra donc à Strauss-Kahn du temps, un gise-ment de patience et un bon accordeur de nerfs. Sans oublier un petit zeste de chance. Celle-ci a pour nom Jean-Marie Colombani. Au milieu des années quatre-vingt, cet ancien directeur du *Monde* coanime avec Anne Sinclair, dont il est un ami, « Questions à domicile » sur TF1. Cette émission à l'audience molletonnée – 9 à 11 millions de téléspectateurs la regardent chaque mois –, a pour concept original de faire entrer en scène, à un moment donné de la soirée, un invité mystère, resté dans le studio à Paris et dont la silhouette filmée de dos et en ombre chinoise s'incruste plein écran. L'émission, qui a pour invité principal, ce soir de janvier 1989, Domi-nique Perben, se déroule au domicile de ce dernier, à Chalon-sur-Saône.

L'émission démarre et les deux journalistes commencent à interroger leur invité, tandis qu'à Paris, DSK, assis dans un siège-baquet, attend qu'on lui ouvre la porte du toril. Et quand le signal lui est donné, il fait doucement pivoter son fauteuil, offrant au téléspectateur, qui le découvre pour la première fois à la télévision, l'image d'un taureau, raclant la poussière de ses sabots, au regard laqué de détermination. L'instant, mémorable, voit ce jeune hiérarque du PS se lancer tête baissée à l'assaut du fuselage du cuirassier Juppé, présent aussi durant l'émission, qu'il fissure peu à peu, avant de l'embrocher. Arguments contre arguments, les deux hommes ferraillent de longues minutes durant avant que Juppé, assommé de chiffres, ne finisse par prendre l'eau, épuisé par les coups répétés d'un Strauss-Kahn intarissable.

Non pas que rosser Alain Juppé, à la télévision et en direct, lui procure un quelconque plaisir, mais il en va de sa réputation de bretteur de plateaux et de jeune pousse prometteuse du PS.

Et il en va, surtout, du jugement de celle qu'il observe de cette cabine de studio, à Paris, depuis le début de l'émission, par écrans interposés. Il est comme derrière une glace sans tain, d'où il peut secrètement redessiner le calque de ses courbes... Lessivé par l'intensité de leur long échange, Strauss-Kahn quitte les studios de Cognacq-Jay avec le sentiment de la mission accomplie. A deux heures de là, à Paris, Anne Sinclair, qui vient d'enlever son micro-cravate, s'approche de Jean-Marie Colombani et lui lâche, mi-bluffée, mi-conquise : « Tu avais raison, il est pas mal ton mec ! »

Touchée ! Et à la vitesse d'une onde hertzienne. Car elle n'a eu Strauss-Kahn que très rapidement au téléphone dans les jours qui ont précédé l'émission, afin d'en régler les derniers détails. Et voilà qu'elle est presque instantanément tombée sous le charme de ce front bulbeux et de cette bouche aux lèvres minces, d'où jaillissent des démonstrations tirées au cordeau, sans macules, serties d'intelligence brute.

Troublée, décontenancée par tant d'aplomb et d'assurance mêlés, il ne lui en faut pas plus pour qu'elle lui trouve toutes les qualités de la terre. Et sans que cela ne l'inquiète, au contraire : mariée à Ivan Levaï, dont elle s'éloigne de jour en jour, elle se fait une tranquille raison face à une situation imprévue qui n'est pas faite pour lui déplaire... Rompre les amarres conjugales ? Il n'y a qu'un coup de rame à donner pour se rapprocher de la rive de celui dont elle est en train de tomber secrètement, et follement, amoureuse. Reste à se laisser tranquillement emportée par le courant, pour aller s'échouer dans les bras de celui qui fait ostensiblement son siège.

Comment l'a-t-elle jugé au tout premier abord ? En extases agenouillées, elle nous confiait, à l'hiver 2011 : « J'ai vu un type ultra brillant, ultra véloce, ultra sympa ! » Et encore ? « Ultra rationnel et ultra secondaire, aussi. Je suis à la fois son double, par bien des aspects et son contraire, aussi : formidablement primaire, ultra émotionnelle et terriblement instinctive. » Une Sinclair, en tout cas, ultra harponnée, à l'évidence.

C'est ainsi que, quelques jours plus tard, on les croisera en tête à tête chez Edgar, l'un des restaurants courus du Tout-Paris des médias et de la politique, un temple du déjeuner d'affaires, dont le propriétaire, Paul Benmussa, accoudé au zinc qui fait face à la porte tourniquet, représentait le plus beau carnet d'adresses de la capitale. Doté d'un entregent de légende, ce bistrotier haut en couleur, mais disparu depuis, n'avait pas son pareil pour rabibocher les ennemis les plus irréductibles ou réaliser des plans de table improbables, avec l'agilité d'un joueur de bonneteau.

C'est notamment dans cet établissement, lors de l'un de ces fameux déjeuners où le gotha refait le monde et les contours de la vie politique française, que, quelques mois plus tôt, en novembre 1988, le délit d'initié de la célèbre affaire Pechiney a eu lieu. C'est devant cette brasserie que tournent chaque jour comme des ventilateurs, aux alentours de 15 h 30, les compteurs épileptiques d'une caravane de taxis G7 attendant une clientèle attardée de journalistes politiques alcoolisée et assoiffée de bons tuyaux…

Et c'est au détour de l'un de ces déjeuners que Strauss-Kahn desserre son nœud de cravate pour trouver l'oxygène qui lui manque, après avoir demandé gravement à celle dont les yeux se plissent alors pour mieux le dessiner : « Comment se fait-il que nous ne nous soyons pas rencontrés plus tôt ? » Entre-temps, il lui a raconté les douceurs sucrées d'Agadir, où il a grandi, ses blouses neuves usées sur les bancs du lycée Carnot, à Paris, et sa tribu d'enfants (Vanessa, Marine, Laurin et Camille), tombés de nids différents, au fil de précédents mariages.

Il lui dit aussi son amour de la culture juive, qu'il a chevillée à l'âme et dont elle se réclame également avec force ; un ADN commun qui les illumine tous deux. Cent et mille odeurs et réminiscences qu'il veut lui faire partager et qu'il lui restitue avec d'infinis détails, comme l'on travaille la marqueterie. Du grand art.

On raconte que bon nombre de confidences se font souvent sur l'oreiller, ce long échange prouve qu'elles peuvent se faire aussi à table, entre la fourchette et le couteau...

Anne, en retour, lui raconte son enfance, ses premiers pas dans le métier de journaliste et François Mitterrand, de long en large, un vrai bas-relief : le 10 mai 1981, à ses côtés, la bergerie landaise de Latche, où elle a eu le privilège d'être invitée à de nombreuses reprises, « avec Ivan », des pèlerinages plus sacrés encore que les hauteurs de Jérusalem ou les chemins de Katmandou pour cette mitterrandienne de la première heure, qui semble évoquer une divinité quand elle prononce le nom de l'ancien président socialiste.

Se souciant comme de son premier cigare des pépiements des serveurs qui s'impatientent, voyant l'heure s'enfuir, Dominique boit ses mots, le regard figé. Le moteur bridé et la sérénité en patch, il est sous contrôle. Zen ! Une embardée, un abordage mal engagé et tu coules, mon ami ! La raison lui commande ainsi la patience. Pour la première fois de sa carrière de matador des cœurs, il remise délibérément ses vieilles recettes. Pour cette fois, mieux vaut viser l'ombre que la proie et quelques jolies phrases bien emboîtées qu'un abordage de soudard. Moulinet à l'arrêt et épuisette repliée, DSK décide de prendre tout son temps et de goûter son plaisir : traînant à table, ils évoquent Venise, la mosquée de Cordou, les senteurs de Marrakech, quelques auteurs oubliés, des séjours aux États-Unis. La vie défile. L'estocade attendra…

Passent les jours et cette cour discrète chemine tranquillement, entre coups de téléphone et promesse de se revoir. N'y tenant plus, Anne lui adresse un jour des lignes enflammées, suivies de quelques autres, des lettres en feu aussi précieuses que des exemplaires numérotés, que Dominique conserve comme des incunables. Passent les semaines et ils font leurs premières apparitions en public : on les aperçoit l'un à côté de l'autre, dans une connivence complice, au centre de regards et de chuchotements entendus. Leur toute première sortie, au beau milieu du Tout-Paris, a lieu sous l'une des tentes installées dans l'enclos VIP du village de Roland-Garros, durant le traditionnel tournoi de tennis du mois de mai. Anne et Dominique ont répondu à l'invitation du P-DG de Publicis, Maurice Lévy. Profitant d'un bref instant où l'intéressé s'écarte pour s'entretenir avec un baron du CAC 40, Anne prend Maurice Lévy par le bras, l'entraîne à l'écart de la foule et lui chuchote dans le creux de l'oreille, des étoiles dans les mirettes et un vibrato dans la voix : « Tu sais, Maurice, c'est la première fois ! C'est la toute première fois qu'on nous voit ensemble. » Confidence en forme de crédit implicite accordé à celui qu'elle couvait du regard. Un an et demi plus tard, le 24 novembre 1991, elle l'épousera à la mairie du 16ᵉ arrondissement, à Paris. Pour le meilleur et pour le pire…

3

Un couple d'influence

De quoi parlons-nous ici depuis quelques pages ?
De l'un des couples les plus influents de France,
du tandem formé par une ex-journaliste devenue multi-
millionnaire, star « préférée des Français », et de l'un des
responsables politiques les plus courus de la planète, à la
tête du FMI depuis 2007. De quoi s'agit-il ? De la trajectoire
peu commune d'une femme qui jouait, jusqu'au début
du printemps dernier, un rôle clé dans la campagne de
communication subliminale d'un homme politique dont
elle est tout à la fois le GPS, l'ombre portée, le double
assumé et le bouclier.

Deux vies à la jointure d'un même destin

Car qu'est-ce qui peut bien distinguer vraiment aujourd'hui
ces deux êtres ? Rien, ou si peu, si ce n'est un an d'écart – le
premier est né en 1949, la seconde en 1948 – et quelques

fuseaux horaires : quand DSK butine à Washington sur sa mappemonde et négocie avec les grands de ce monde, Anne Sinclair sillonne Paris où, entre leur appartement de 200 mètres carrés de la place des Vosges et les cercles strauss-kahniens, son pied-à-terre politique, elle campe en vigie aux avant-postes dans les habits d'une première dame de France en puissance.

Pour le reste, tout n'est que fusion : «Je suis né avec Anne» a pour coutume de dire celui qu'une première épouse, Brigitte Guillemette, s'est employée à affiner, au sens figuré, à dégrossir, au milieu des années quatre-vingt, l'obligeant à troquer ses vieux pulls pour des chemises de belle facture et des costumes sur mesure, comme à fréquenter les salons de pédicure et les coiffeurs de renom. Un travail de «relooking» poursuivi plus tard par une professionnelle de l'image, qui entend faire profiter DSK de son expérience acquise sur les plateaux de télévision. Elle sera son coach et sa muse. Un sparring-partner sur lequel DSK va tester des idées, roder des argumentaires, qu'elle décide de breveter ou non, en auditrice attentive.

Même punch, même volonté farouche de réussite, même souci de régler l'horloge de ses ambitions sur le mécanisme de l'autre : pour la première fois de sa vie, DSK trouve à qui parler. Elle serait son double, il serait son miroir. Voici donc deux vies à la jointure d'un même destin. Dominique Strauss-Kahn et Anne Sinclair forment un couple gémellaire, un tandem de choc au cuir tanné par les épreuves, que les chausse-trappes de la vie ont caparaçonné. Comme assermentés à eux-mêmes, ils se sont habitués, depuis maintenant plus de vingt-deux ans, à tout partager et à tout affronter, de front.

Tout. Du plus cataclysmique au plus anodin : des scandales les plus telluriques aux kilos superflus, chassés au printemps ! « Ne me trouvez-vous pas amincie ? » demandait-elle lors de l'une de nos toutes dernières rencontres, expliquant qu'elle avait entamé « avec Dominique » un régime solide. Ne cherchez pas ainsi l'auxiliaire de l'autre, car cette PME marche à deux têtes : s'il y a un patron, il y a également une patronne. Si le premier est son point fixe, la seconde est son épicentre, sa main droite, face à sa main gauche. Si elle est son plus solide rempart, il est son unique donjon. Que l'un trébuche, et l'autre apparaît immédiatement au créneau, prêt à en découdre. Soudés dans l'adversité, quelle que soit l'intensité de la déflagration sur leur échelle de Richter intime, ils n'ont jamais vacillé. Pas même quand les scandales eurent la mauvaise idée de prendre un caractère dangereusement exponentiel. Ou que des rumeurs d'alcôve bourgeonnaient alentour, au point de s'insinuer comme du chiendent dans leur vie, au risque de tout emporter, carrière et vie privée. Combien de fois Anne Sinclair a jeté sa serviette et quitté la table de rage, n'acceptant pas la énième allusion de l'un de ses proches aux errements amoureux de « Domi ».

Même quand la douleur est trop forte et l'humiliation si insoutenable qu'elle en est alitée, Anne voile en cachette son ciel bleu de quelques larmes, avant d'offrir à son entourage le visage d'une pasionaria drapée dans son orgueil, réfugiée derrière d'invisibles herses. N'ayant que faire des mouchoirs qu'on lui tend, elle ensevelit alors ses meurtrissures sous un épais vernis d'impénétrabilité. Un roc.

Un couple d'influence ? Il en est bien d'autres, en France et à travers le monde, mais rares sont ceux qui ont atteint un tel degré de puissance, de complémentarité et d'efficacité. Le *Who's Who* regorge de couples glamour, dont la presse déroule souvent les destins – Cécilia et Nicolas Sarkozy, Christine Ockrent et Bernard Kouchner, Bernadette et Jacques Chirac, Robert et Élisabeth Badinter, Hillary et Bill Clinton… –, mais jamais on n'a atteint, avec Dominique Strauss-Kahn et Anne Sinclair, un tel degré de sophistication : la quintessence d'un double carnet d'adresses exceptionnel, où se côtoient et s'entrelacent les réseaux et les personnalités les plus denses et les plus diverses, tel un gotha transcontinental mis au service d'une histoire commune.

La gardienne du temple

Vingt-deux ans après ce premier regard, elle aurait pu disparaître et se fondre dans le quotidien d'une épouse au foyer, cantonnée aux seconds rôles, après avoir volontairement interrompu sa carrière de journaliste en raison d'un risque de conflit d'intérêt lié aux fonctions ministérielles de son époux. Elle aurait pu passer aux oubliettes et n'être qu'une silhouette en fourreau de crinoline qu'un mari en smoking, au destin présidentiel, sortirait de la naphtaline les soirs de gala, une poupée en strass dont il tiendrait alors la main, comme le trousseau de clés d'une décapotable aux formes rutilantes, que l'on fait tinter avec ostentation.

Mais il n'en fut rien. Si Anne Sinclair a pu donner l'impression de s'effacer derrière son époux, tout indique que, depuis le premier jour de leur rencontre, elle s'est employée à mettre ses pas dans les siens. Au point de confondre leurs deux trajectoires. Au point de déboussoler ceux qui tentent régulièrement de décrypter ses propos en publique : est-ce la journaliste, observateur politique, qui s'exprime ou le ventriloque de DSK, dont elle a épousé le tracé et la sémantique ? « *In bed with DSK* » ? Bien plus que cela. Bien mieux qu'une épouse, femme au foyer. Car elle est dans ses pensées, à la pointe de ses combats, au cœur de son logiciel politique. Bref, au plus près de celui dont elle a toujours voulu dessiner le futur, organiser la carrière. Anne Sinclair n'est pas simplement la femme de Dominique Strauss-Kahn : elle est et reste, malgré les déflagrations et les humiliations endurées, sa vigie et son premier rempart. Si elle a contribué à lui apprendre la persévérance et l'intensité, il lui a inoculé de la distance et de l'humour par rapport aux choses et aux hommes. Inutile de chercher à les comparer, car rien ne les rassemble si ce n'est, étrangement, et à quelques mois de distance, un même destin cabossé, broyé : DSK n'est pas Bernard Kouchner, ce Florentin de la politique capable, pour durer, de toutes les compromissions et contorsions idéologiques. Et Sinclair n'est pas Christine

Ockrent, cette reine déchue pour s'être trop longtemps arc-boutée face à une profession journalistique qui a fini par l'extrader...

Changement de cap et nouvel horizon : habituée durant de longues années à recevoir sur son plateau le gratin de la politique française et les grands de ce monde, l'ancienne égérie de TF1 a pourtant dû raboter ses ambitions professionnelles. Elle a troqué une carrière enluminée pour un rôle de première conseillère auprès d'un ancien soixante-huitard, qui assume crânement au sein du PS sa proximité avec l'entreprise, son goût des mécanos industriels, comme son père Gilbert, et une addiction assumée pour l'économie de marché.

Et si DSK est à l'aise dans le monde des affaires, il l'est tout autant, maintenant, dans celui des médias et des intellectuels : le fruit d'un long travail d'apprentissage, où l'on voit la patte de celle qui a méthodiquement et patiemment retaillé et poli le style et le look de cet élève docile comme on sculpte un galet raviné par le ressac des années.

Si bien que le statut d'Anne Sinclair dépasse naturellement celui d'une simple consultante, fût-elle de luxe. Perspicace, politique, fougueuse et bosseuse, à proportions, elle a ainsi lentement et patiemment façonné et densifié ce faux dilettante – doté à ses débuts en politique d'une légèreté si proche de l'indifférence qu'il en agaçait ses proches, furieux de voir leur poulain se disperser sur les chemins de traverse de la politique – en une mécanique infatigable qui, envisageant 2012 et l'échéance présidentielle, a décidé de ne plus rien laisser au hasard.

«Je ne pense pas que cela soit une bonne idée ! »

Lors de notre toute première rencontre avec Anne Sinclair, en février 2011, dans le salon discret d'un hôtel cossu situé place des Vosges, à deux pas de son pied-à-terre parisien, «Madame DSK» tente de nous dissuader d'écrire sur elle. Voix basse et douce, regard ingénu, elle dit son étonnement face à un projet qu'elle juge vain et sans grand intérêt. «Suis-je à ce point finie pour que l'on se sente obligé de faire l'inventaire de ma vie et que l'on aille fouiller dans ce qui relève de ma vie privée et ressusciter de vieux souvenirs professionnels qui n'intéressent plus grand monde ? » Comme s'il s'agissait de parcourir les allées d'un musée abandonné de la politique et des médias, peuplé de fantômes, aurait-elle pu ajouter, sur un air de violon. Alors qu'en vérité, sa seule et unique crainte est que l'on aille, au-delà de son histoire, sur les traces de DSK et son cortège de secrets.

Difficulté du sujet, obstacles liés à ce qui relève, à ses yeux, de sa stricte intimité, questions maintes fois visitées et labourées par une presse inquisitrice, qui les a si souvent épinglés, banderillés : elle utilise toutes les ficelles les plus grosses, afin de nous décourager. Car quelle assurance a-t-elle que, sous le prétexte de retracer sa vie, nous n'irons pas tisonner celui qui porte, au FMI, l'Atlas sur ses épaules et dont l'horizon politique, forcément lumineux et enrubanné d'honneurs, ne doit pas être obscurci par une nouvelle enquête, forcément intrusive ?

Marre de cette presse qui maraude ! Une serrure crochetée, une effraction et des tiroirs que l'on fouille ! Pour aller chercher quoi ? À cette seule idée, qui semble l'outrager par avance, elle devient nerveuse.

Quelles garanties d'objectivité lui apportons-nous ? Aucune. Ce projet l'embarrasse et elle dit sa perplexité face aux portes qui ne manqueront pas de se fermer, dès lors que nous approcherons son premier cercle. Dès lors que nous atteindrons la sphère de ses intimes. L'omerta. Nous serons alors des chauves-souris et nos interlocuteurs, des murs sur lesquels nous buterons, immanquablement. Car elle y veillera.

« Mais si vous y tenez… » Si Anne Sinclair, pour finir, a l'élégance et l'honnêteté de jouer le jeu, consciente que ce livre se fera, avec ou sans son concours, elle a la franchise de nous prévenir qu'elle ne fera rien pour nous entrouvrir les portes de ses proches. Rien pour nous donner les clés d'un sanctuaire solidement cadenassé. Dame Sinclair, reine de la ruche, veille au grain d'un œil avisé. Stéphane Fouks, Anne Hommel, Ramzy Khiroun et Gilles Finchelstein, cette phalange de conseillers politiques, premier rempart historique de DSK – nous y reviendrons – se portent garants, quant à eux, de l'étanchéité d'un dispositif verrouillé par leurs soins. Amis, conseillers proches, confidents et compagnons de route, nombreux sont ceux qui, informés ou non du projet, s'imposèrent une stricte loi du silence, ne lâchant que des miettes : une règle non écrite, mais intangible, semblable à des versets sacrés du Talmud, dont Anne Sinclair interdirait la profanation.

Ainsi, par exemple, du journaliste et intime d'Anne Sinclair, Michel Field, qui se retrancha derrière des liens d'amitié trop anciens pour s'interdire de nous rencontrer et de transgresser cette sacro-sainte règle. Ainsi, aussi, d'Ivan Levaï, son premier époux et le dépositaire exclusif d'une période en forme de bas-relief où il connut, tour à tour, la passion, la mendicité, la vacuité, puis l'exil, et dont il ne livrerait aucun secret. Par simple respect pour celle qu'il aima. Ainsi, toujours, de Marie-France Lavarini, ancienne collaboratrice de Lionel Jospin, puis d'Anne Sinclair, dont elle fut aussi la proche confidente et qui, au cours d'une conversation, indiqua à l'un de nous quelques pistes secondaires, qui eurent pour effet de l'emmener là où elle avait décidé qu'il irait, c'est-à-dire dans une simple brocante, quand il pensait à une caverne d'Ali Baba : joli leurre...

Faut-il voir, dans cette volonté farouche de protéger son couple, coûte que coûte, dès l'automne 2010, et au-delà, Dominique Strauss-Kahn lui-même, que les sondages plébiscitaient alors, l'expression d'un combat souterrain engagé de longue date pour celui dont elle n'a jamais douté du destin, en vue de l'élection présidentielle de 2012 ? Certainement. Si la vie de Dominique Strauss-Kahn ne s'est pas « écornée sur la muraille de Bercy », comme Anne Sinclair a pu le redouter jusqu'à sa sortie du gouvernement de Lionel Jospin, en novembre 1999, où, impressionnant de facilité et d'habilité, DSK s'est révélé un formidable funambule, les derniers kilomètres de ce long marathon politique doivent être soigneusement balisés. S'il veut « en être », s'il souhaite se lancer dans la bataille pour la conquête de l'Élysée, elle sera son atout charme, son premier viatique et son cheval de Troie sur les plateaux télé, aux micros des radios, dans les allées du microcosme médiatico-politique où on lui déroule déjà d'invisibles tapis rouges. Dotée d'une énergie qui ne désarme pas, où se mêlent séduction, sang-froid, stoïcisme et intransigeance, Anne Sinclair n'a jamais abdiqué en vingt-deux ans de vie commune. Malgré les embruns et les nombreux chavirages. Et maintenant que DSK semble avoir quelques solides atouts, elle ne laissera pas quelques scribouillards altérer ce qui a toutes les chances de s'apparenter à une *success story*.

Objectif Élysée

L'Élysée. Longtemps mirage et cité interdite pour celui dont l'image fut si souvent ébréchée, au fil d'escapades et d'infortunes diverses, cette cathédrale du pouvoir ne sera plus qu'à une poignée de bulletins, une fois franchi, à l'automne 2011, l'obstacle des primaires du parti socialiste. Les proches de DSK en sont convaincus depuis longtemps. Chauffé à blanc par un premier cercle qui rêve de s'installer sous les dorures du Château, leur poulain ne va pas calancher, alors que le pont Alexandre-III, qui enjambe la Seine et mène aux grilles de l'Élysée, ressemble à s'y méprendre, au fil des semaines, au pont d'Arcole de Bonaparte, dont il franchira, à l'été 2012, c'est certain, les derniers mètres, l'œillet à la boutonnière.

Mais le veut-il ? Drapé dans une sorte de distance, souvent empêché, tantôt par les affaires, tantôt par ses propres atermoiements et hésitations, DSK semble afficher en public une singulière prudence. Comme si cette dernière marche n'était pas forcément synonyme pour son couple de sérénité et de bonheur. Mélange d'audace et de réserve, de conviction et de renoncement, cet acrobate de la politique n'aime pas la haute voltige. Mais de quoi a-t-il si peur ? Des anecdotes de corps de garde qui risquent d'éclore dans la presse à scandales et dont il redoute qu'elles affligent – qu'elles abîment – son épouse ? Il l'évoque souvent en privé, effrayé à l'idée qu'une *love affair* resurgisse et vienne tapisser la une des journaux. « Clapotis », lui rétorque une garde rapprochée persuadée que l'époque a changé et que les Français se sont faits depuis longtemps une raison : un DSK abstinent et monacal n'est pas plus imaginable qu'un Nicolas Sarkozy maître de soi. Doit-on le croire quand il clame pourtant, en privé, que l'Élysée ne vaut pas que l'on se fasse étriller sur sa vie privée ou tout autre question, alors que ces dernières années n'ont été qu'un long et permanent combat pour se protéger, lui et les siens ? Mais à trop laisser son avenir politique en jachère, à trop laisser regarder passer les trains, on risque de tout perdre, lui martèlent ses principaux soutiens, qui se fichent que l'on puisse de dire de DSK, dans Paris, que les femmes lui servent de bornes kilométriques et les hôtels étoilés d'aires de repos. À l'heure où l'Élysée lui tend les bras et que des sondages bégayants lui commandent de franchir le Rubicond, il n'y a plus lieu de s'attarder sur de tels points de détails.

Quant à Anne, cette épouse conquérante contrainte d'oblitérer du jour au lendemain une carrière rutilante pour ne pas compromettre l'ascension de son bulldozer de mari, doit-on la croire, elle aussi, quand elle dit s'épanouir en « mamita » – ainsi que les proches la surnomment affectueusement ? Quand elle affirme aussi, dans les médias, de ses appartements de Washington, où elle pose dans sa cuisine, sanglée d'un tablier vichy, qu'il n'est pas meilleure addiction qu'un petit plat amoureusement mitonné à la maison, en tête à tête ? Et pour son homme, qu'un bon cigare, vissé entre les deux joues, dégusté en regardant les infos à la télévision, avant d'aller dîner ! Loin de Paris, loin des fourneaux de la politique et des cloaques de ce microcosme, où ses adversaires et les colporteurs de rumeurs n'attendent plus, dit-on, que son retour officiel dans le grand bain politique pour dégoupiller et amorcer la pompe à scandales de ragots dévastateurs…

Bien évidemment, non. Si le premier, qui rêve de l'Élysée comme d'une promesse, a faim de conquête, la seconde, même si elle s'en défend avec force, a soif de lumière et de revanche.

Il y aurait donc une vie après la politique et la télévision pour ces deux personnalités percluses d'ambition et étroitement imbriquées depuis si longtemps dans le système médiatico-politique français. D'aucuns en doutent, au printemps 2011 : il ne peut être question d'un quelconque refuge consolateur, d'une quelconque retraite pour ce couple génétiquement fabriqué pour la politique. Fût-elle dorée, elle ne remplacera pas cet irrépressible désir qui les ramène toujours immanquablement, comme l'aimant à la pièce de métal, à leur centre de gravité commun, à ce qui constitue le socle, le cœur même de leurs deux vies entremêlées : le pouvoir.

Passionnée, jusqu'à l'apoplexie, de politique depuis son plus jeune âge, définitivement et radicalement « de gauche », pour ne jamais avoir à prononcer le mot « droite » – « Satan, le diable, l'Inhumain et l'Incompréhensible », stigmatisait Jean Cau dans ses *Croquis de mémoire* –, confidente de tant de figures croisées sur les chemins de la mitterrandie, et plus largement aux mille détours d'une vie à laquelle beaucoup auraient voulu émarger – les Montand, Signoret, BHL, Delors, Badinter et autres Bedos… –, « la Sinclair », comme on la surnommait souvent dans les coursives de la télévision, n'a jamais vraiment révoqué un passé qu'elle habite et qui l'habite. Au contraire.

On sourit même à l'idée qu'elle pourrait envisager, pour DSK, des lendemains post-FMI, semblables à ceux d'une célébrité de colloque qui pantouflerait et cachetonnerait aux quatre coins du globe, où il dispenserait des conférences dans les raouts du Rotary. Condamné, à perpétuité, à être éblouissant devant des parterres de retraités fortunés au foie endommagé, assoupis sur leur siège capitonné ! Triste exil… Lui, soliloquant à prix d'or sur des tréteaux d'université, entre d'autres papys de la politique, Clinton, Blair et consorts. Elle, se baguenaudant entre Paris et Marrakech, au milieu d'une tribu clairsemée avec le temps qui passe : des hochets pour retraités millionnaires. S'en satisferait-elle ? Rien n'est moins sûr. Livres, mots, sentiments, réminiscences, engagements, idées... Tout chez Anne Sinclair plaide pour l'inverse. S'il y a encore des Bastille à prendre et des croisades à mener, s'il est une crypte au Panthéon que François Mitterrand d'abord, et Nicolas Sarkozy ensuite, n'ont pas encore fleurie, s'il est une colonne de Buren à inventer et une réforme à graver au fronton de la République, elle sera la première à appuyer sur le fusain, pour que le portrait de son Dominique rentre dans l'Histoire. Elle sera la première à rêver de lendemains galvanisants, qui la ramènent à l'époque où, jeune étudiante, elle écoutait pieusement Pierre Mendès France, cette figure tutélaire dont elle fut l'assistante, vaticiner à ses oreilles éblouies. Que l'on n'en doute pas une seconde : quarante ans après ses premiers pas dans le journalisme et cette rencontre initiatique, là voilà prête à hacher en bas morceaux quiconque se mettra en travers du chemin de celui à qui elle destine un avenir présidentiel : cet homme, qu'elle aime, chérit et adule, et dont elle s'emploie à baliser, déblayer, déminer le terrain chaque jour depuis des mois, le pinacle élyséen en ligne de mire.

Tout cela n'empêche pas certains commentateurs, vachards, d'avancer régulièrement qu'il s'agit là moins de la rencontre entre deux amants passionnés, aux centres d'intérêts raccords, de l'union entre deux êtres fous d'eux-mêmes, réglés l'un sur l'autre, comme les

mécanismes d'une même horlogerie, que d'une association d'intérêts convergents. Nous aurions affaire, ici,
à les entendre, moins à l'histoire d'une passion amoureuse qu'à l'existence d'un axe objectif entre deux super-
puissances soudées l'une à l'autre par un même pacte...
À les en croire, Dominique Strauss-Kahn et Anne Sinclair
symboliseraient ainsi une sainte alliance entre les univers
de la politique et des médias. Bref, ils formeraient à eux
deux une « firme », qu'entourerait une phalange de *spin
doctors*, destinée à prendre, le jour venu, les rênes du pays.
Libations au soir de la victoire, un jour de mai 1981, de
mai 2007 et de mai 2012... Vous avez connu François
Mitterrand remontant les Champs-Élysées et escaladant la
roche de Solutré ; vous avez vu Nicolas Sarkozy franchis-
sant le seuil du Fouquet's, entouré des barons du CAC 40 ;
vous découvrirez bientôt Dominique Strauss-Kahn sablant
le champagne dans son riad de Marrakech, au milieu
d'une jet-society débarquée en Falcon des faubourgs de
Washington et des salons de la rive gauche, à Paris !

Lui au pinacle, elle en première dame... Clichés, naturellement. La réalité, qui est bien sûr ailleurs, se lit entre
les lignes, dans les interstices d'un couple pour qui la vie
n'a pas toujours été d'une grande indulgence et est une
alchimie complexe. En vérité, Anne Sinclair n'a toujours
eu qu'une seule et même ambition, qui requiert autant
de sagacité que de raison : trouver le point d'équilibre,
le parfait accord entre les aspirations profondes d'un
homme au faîte de sa carrière politique, mais souvent
hésitant, auquel le destin tend pourtant la main depuis

maintenant de nombreux mois, et ses propres aspirations qui l'irradient, la transportent et l'incitent à l'encourager afin qu'il franchisse sans encombre ce tout dernier obstacle.

Or, pour atteindre le Graal élyséen à ses côtés, elle se dit, en privé, prête à tous les sacrifices personnels, à tous les efforts. Preuve en est : voilà des mois qu'elle est sa boussole, lui indiquant la voie et lui déblayant le chemin, entre Washington et Paris, lui traçant un sillon à coups de petites phrases savamment distillées aux quatre coins d'un paysage médiatique tout ouïe et quadrillé par ses soins.

Autre jour, autre songe, dévastateur celui-ci : et s'il venait à échouer ? Si tout ce bel échafaudage venait à s'effondrer et que la belle aventure s'achevait en capilotade ? Certains soirs de découragement, quand lui arrivent de Paris les échos d'une primaire socialiste devenue le lieu de tous les règlements de comptes, elle se prend à douter : taraudée par la crainte d'un nouvel échec, elle est alors la première à brider DSK, les deux pieds sur le frein et l'ambition au point mort. Son cauchemar ? Qu'elle soit celle qui l'aura contraint à se lancer dans la mêlée en pure perte : la simple idée qu'elle puisse être responsable un jour de son échec la plonge alors dans un doute abyssal...

4

Retour aux sources

D ans son oreille droite défilent des pans entiers de
sa vie… D'une voix calme et enjôleuse, Dominique
égrène des paroles, des souvenirs, des joies et des douleurs.
S'ils ont passé du temps à table, chez Edgar ou dans
d'autres cantines célèbres de la capitale, avant d'officia-
liser un beau matin leur liaison, devant un Tout-Paris
estomaqué, c'est d'abord pour se raconter. Dominique
a eu une vie avant de la rencontrer – et quelle vie ! Or,
pour le bonheur de celle qui l'écoute, les années ne
semblent pas avoir décoloré une mémoire intacte, truf-
fée de souvenirs couleur sépia.

« Un gros trafiquant d'intelligence pure »

Qui est-il ? Né en avril 1949 à Neuilly-sur-Seine d'un père
alsacien, Gilbert Strauss, conseiller juridique, et d'une
mère française de Tunisie, Jacqueline Fellus, journaliste

au *Populaire*, l'ancien journal de Léon Blum devenu celui de la SFIO, Dominique Strauss (son nom d'origine) passe son enfance à Agadir, au Maroc, en compagnie de son frère cadet, Marc-Olivier et de sa petite sœur, Valérie, et son adolescence à Monaco, où il fait des études au lycée Albert-Ier.

Mais c'est à Paris, où sa famille a élu domicile au milieu des années soixante, qu'il se forge, tout jeune, une éducation politique ensemencée, puis entretenue par des parents de gauche et francs-maçons, qui plus est dotés d'une imposante et impressionnante culture livresque. À la maison Strauss, l'ambiance est de celles que l'on trouve alors dans ce Paris des années soixante où, tapis dans des caves nocturnes, les existentialistes transforment Saint-Germain-des-Prés en une Babylone d'où jaillissent l'ivresse, le talent, la passion intellectuelle et une saine immoralité.

À la table des Strauss, dans cette France d'après-guerre insolente de légèreté et d'insouciance, on disserte et butine à voix haute, sur les questions qui agitent le monde et la société. Le tout encouragé par des parents éclairés, curieux de tout, ayant du goût en tout et, avant toute chose, de politique. Les Strauss, rassemblés au grand complet, c'était ainsi, certains soirs dans le salon familial, donnent l'image d'un clan d'exception où trône au premier plan une figure imposante en la personne irradiante du grand-père par alliance de Dominique, Marius Kahn. Accoudé depuis plus d'un demi-siècle à la fenêtre d'un monde dont il se veut un entomologiste attentif, cette encyclopédie vivante n'a d'yeux que pour son petit-fils, qu'il emmène partout avec lui et notamment aux États-Unis. Rien ne lui importe plus que de servir de tuteur à cette jeune pousse prometteuse, mais indocile, dont il veut pétrir, puis lever la pâte en levain. Marius Kahn se montre ainsi véritablement subjugué par la vélocité intellectuelle d'un garçon dont il fera bien plus tard, lors d'une cérémonie, l'éloge public, en ces termes : « La différence, c'est que Dominique est un gros trafiquant d'intelligence pure, alors que moi, je n'en use que pour ma consommation personnelle[1] ! »

En 1968, Dominique se met à étudier à l'École des hautes études commerciales de Paris (HEC), dont il sort diplômé en 1971, avant d'égrener licences et doctorats, en droit public ou sciences économiques, des examens passés presque à la sauvette, avec une nonchalance et une facilité déconcertantes pour ses compagnons de fac : visages cassés par les veilles, ces étudiants finissent par s'agacer des acrobaties impeccables de ce mathématicien de haut vol. Il n'y a pas si longtemps encore, lors des voyages en avion qu'ils faisaient ensemble, il arrivait à Anne Sinclair, bluffée, de surprendre en pleine nuit son mari plongé, pour tromper le temps, dans des équations en forme d'immenses constellations : des hiéroglyphes à attraper la migraine, qu'il a pour habitude de réaliser en un tournemain, avec le détachement d'un cruciverbiste.

---

1. Alexandre Kara et Philippe Martinat, *DSK-Sarkozy : le duel*, Max Milo, 2010.

Et ce, quand il n'est pas lancé, avec la même agilité d'esprit, dans des parties d'échecs « himalayesques », qui l'emmènent à point d'heure : les chandeliers de ses insomnies... DSK tel qu'en lui-même : en abscisse, un aventurier de la vie, naviguant entre les lignes, difficilement canalisable. En ordonnée, un logiciel ultra performant mis au service d'une carrière ultra brillante.

Des bribes de vie, encore et toujours... L'esquif de ses souvenirs le fait ainsi dériver vers quelques autres repères biographiques. Il y a, d'abord, ses deux précédents mariages, avec Hélène Dumas, une jeune lycéenne qu'il épouse à l'âge de 16 ans, et Brigitte Guillemette, une jolie femme dont il divorce en 1991, après qu'elle lui a ouvert certaines portes de la « gentry » parisienne. De ces lointains solstices, il a gardé une belle tribu d'enfants, sur laquelle veille aujourd'hui Anne, comme s'il s'agissait du plus précieux des héritages.

Viennent, ensuite, ses tout premiers pas en politique, au sein de l'Union des étudiants communistes (UEC), un mouvement tout à la fois sacristie et gynécée du parti communiste, qu'il intègre au début des années soixante-dix, le marteau et la faucille pour fourragères à la boutonnière. Avec, cachées au fond de la poche, les professions de foi de John Keynes, ce fondateur et chantre de la macroéconomie – vilain mot à l'UEC –, dont DSK fut le fervent disciple.

Deux mariages (bientôt trois) et une conversion : s'il n'y a en apparence guère de rapports entre ces deux tranches de vie, l'une et l'autre ont pourtant eu, à leur manière, un rôle initiatique. Les premiers lui ont inculqué un sens de la famille, poussé à l'extrême. Et la seconde l'a converti aux thèses les plus orthodoxes du marxisme, tout en forgeant chez lui le goût du combat en politique.

La légende dorée d'Anne Sinclair

« Et toi ? » Après cette série de petits zigzags dans les dédales de la vie d'un enfant, devenu jeune homme, gâté par l'existence, DSK se penche alors sur la vie de celle dont il sait en vérité bien peu de choses. Voilà des années qu'il suit de loin, comme des millions de Français, le parcours, serti de superlatifs, de celle dont la presse sur papier glacé retrace régulièrement la légende dorée, ne retenant le plus souvent que l'écume.

Car la vie d'Anne Sinclair est semblable à un jeu de l'oie complexe, avec ses portes dérobées, ses chausse-trappes, ses sens interdits et ses nombreux points d'interrogations.

Qui est-elle ? Étrangement, la fiche Wikipédia d'Anne Sinclair, très chiche en détails, ne s'étend pas outre mesure sur ses origines. À l'instar de l'intéressée, dont il est difficile de crocheter la malle aux souvenirs familiaux : un pan de sa vie dont elle interdit systématiquement l'inventaire, invoquant, chaque fois que l'on tente une intrusion, l'argument sacro-saint de la protection de sa vie privée.

Sous la housse poussiéreuse de son enfance, on trouve pourtant quelques traces d'une famille d'exception.

Un père, d'abord, Joseph-Robert Schwartz. Ce puissant homme d'affaires, né le 30 mars 1909, à Paris, fut autorisé par décret, en date du 3 août 1949, après la guerre, à transformer son patronyme en Sinclair : un nom d'emprunt utilisé durant ses années de clandestinité, dans la Résistance, que cette famille annexa. Pour Anne, ce nom reste le symbole nickelé d'un père statufié.

Car si Marius Kahn a profondément compté dans la vie de Dominique, son petit-fils, que dire du propre père d'Anne Sinclair, un personnage à l'aura non moins forte qui, durant la dernière guerre mondiale, enthousiasma ses contemporains par sa puissance et son magnétisme ? Directeur de Radio-Levant à Beyrouth, au Liban, puis secrétaire général de la représentation de la France libre au Caire, ce proche de Pierre Mendès France, que Goebbels condamna à mort, ne fit pourtant pas de ce passé de résistant un quelconque marchepied pour la suite. La guerre terminée, il remisera son paquetage et ses breloques pour tourner une page douloureuse et embrasser une nouvelle vie, aux États-Unis, dans cet autre maquis qu'est l'univers des... cosmétiques. Installé à New York, papa Schwartz sera ainsi, tour à tour, directeur général des parfums Elizabeth Arden, directeur technique des parfums Caron, et administrateur d'une kyrielle de sociétés aux chiffres d'affaires ronflants.

Enchaînée à son passé, agrafée à ses souvenirs d'enfant, Anne Sinclair, évoquant la mort de son père disparu en 1980, confie un jour de 2007 au magazine *Psychologies* : «Dans la religion juive, quand un parent décède, le fils doit réciter le Kaddish, la prière des morts, chaque jour pendant un an. Mon père n'ayant pas de fils, j'ai décidé de remplir ce devoir. Pendant un an, tous les jours, je suis allée à la synagogue réciter le Kaddish, accompagnée par ma mère.» Pour cela, elle dut apprendre le yiddish.

Micheline-Nanette Rosenberg, sa mère, est l'autre versant et face discrète, mais déterminante, de la vie d'Anne Sinclair. Là encore, tout un bas-relief. Née en 1917 et disparue à l'été 2006, elle était la fille de Paul Rosenberg, célèbre marchand d'art parisien, puis new-yorkais, et galeriste de Pablo Picasso. Parti précipitamment aux États-Unis avec l'invasion de la France, en 1940, ce dernier deviendra tout simplement le premier ambassadeur de l'artiste aux milliers d'œuvres à travers le monde et sans doute l'un des plus gros marchands de tableaux de l'après-guerre, à l'origine, de fait, de l'immense fortune d'Anne Sinclair aujourd'hui. Nous y reviendrons.

«Je suis née à New York, par hasard...» En ce début du printemps 2011, la voilà assise dans le calme d'un petit bistrot place des Vosges, à Paris, à quelques mètres de son domicile. Un lieu hors du temps où elle dit avoir ses repères et se sentir bien. Anne Sinclair sait-elle que, construite en 1605, cette plus ancienne place de Paris fut inaugurée en 1612, à l'occasion des fiançailles de Louis XIII et d'une autre Anne... Anne d'Autriche? Quatre siècles plus tard, l'endroit reste un îlot magique chargé d'histoire : niché en plein Paris, ce carré majestueux est son port d'attache. Un lieu qui respire l'oisiveté, où les pigeons ne volent pas, mais marchent en famille au bord des caniveaux, en attendant la remontée des eaux et l'heure des ablutions. Où des badauds, échoués sur les bancs du jardin public, déploient leurs journaux comme des éventails et prennent la chaleur la tête levée vers le ciel où le soleil vient se briser sur des pierres séculaires. Havre de nonchalance, la place des Vosges est une cité alanguie, qu'Anne Sinclair semble goûter plus que tout.

Cette première fois, elle s'attable avec l'air de quelqu'un de peu disposé à se livrer. «À quoi bon se raconter...» Une ritournelle assez classique chez celle qui peut se doter d'une langue de bois solidement accrochée et d'une mémoire volontairement sélective quand elle le décide : l'amnésie devient alors sa meilleure compagne.

Mais, la confiance s'installant, Anne Sinclair finit par ouvrir un premier tiroir, acceptant de déterrer de vieux souvenirs d'enfant, puis d'adolescente, tapis dans les replis d'une mémoire semblable à celle, pointilliste, d'un naturaliste : une première incursion dans le jardin d'une vie. New York, d'abord... «Où papa avait rencontré celle qui deviendrait ma mère. Une ville dont je garde des souvenirs émouvants, quand à Noël la Grosse Pomme s'enluminait de guirlandes et se couvrait d'un matelas de neige. New York, encore, que nous rejoignions de France, en plusieurs jours, traversant l'Atlantique à bord du *Queen Mary*, après une étape en Irlande. Et avant l'arrivée dans les brumes de l'Hudson : le plus beau des périples.» New York, enfin – terminus radical pour l'homme de sa vie –, qu'elle gagnera plus tard en Concorde, quand, journaliste à « 7 sur 7 », elle s'y rendra pour y interviewer l'ancien secrétaire général de l'ONU, Javier Pérez de Cuéllar, ou le cinéaste Woody Allen. La Rolls des paquebots gamine, le roi des supersoniques adulte : à trente ans de distance, le même conte de fées, qui s'étire sur quelques décennies et le récit d'une enfance choyée et, à l'évidence, heureuse. Des morceaux de vie qu'elle restitue et résume d'une seule phrase : « J'étais, dit-elle, une petite fille chanceuse, une petite fille, comment dire,... parfaite ! »

Une enfant qui, à l'entendre, s'entendait mieux avec les mots et les notes qu'avec les êtres. Entourée, couvée, Anne Sinclair, qui est enfant unique, confie ainsi avoir longtemps trompé sa solitude en dévorant très jeune des tonnes de livres, adolescente, Dumas, Flaubert, Maupassant ou Proust et, plus tard, jeune adulte, Zweig ou Albert Cohen. Et en se nourrissant également d'opéras, sous les regards médusés mais inquiets d'une mère qui ne comprenait pas qu'une gamine de 11 ans puisse oblitérer tout le reste, ou presque, et s'enfermer dans sa chambre pour écouter *Faust* et psalmodier des passages de *La Traviata*. Le tout en expliquant à qui voulait l'entendre que, plus grande, elle serait journaliste...

Cette vocation s'affirme à son adolescence quand, élève au cours Hattemer, à Paris, elle écoute chaque jour Europe 1. Notamment lors des événements de la guerre d'Algérie, imitant en cela des parents radicaux-socialistes et mitterrandiens, particulièrement « accros » d'information. De ses tout premiers contacts avec cette radio, Anne Sinclair garde un souvenir particulier. Elle raconte ainsi avoir, à de nombreuses reprises, travesti sa voix, qu'elle plongeait dans les abysses, pour franchir les barrages du standard et intervenir comme une simple auditrice à l'antenne, où elle questionnait, plusieurs fois par semaine, certains des invités de la station, tous prestigieux, tels Jacques Chaban-Delmas, Edgar Faure ou Pierre Mendès France… La confusion aidant, on l'appelait alors « madame » à l'antenne, tandis que le fruit de ses interventions sur Europe 1 faisait l'objet d'enregistrements, qu'elle réalisait du salon parental pour épater les copines, plaçant des magnétophones à cassettes devant le poste de radio familial…

Hypokhâgne, le Quartier latin, puis un supplément de bagages universitaire à Nanterre, où elle suit alors des études de droit – avec, pour différents professeurs, Raymond Barre, Georges Vedel, ou encore Roger-Gérard Schwartzenberg. Anne Sinclair achèvera des études en surcharge pondérale par un DESS de droit public et un diplôme de Sciences Po. C'est Alain Duhamel, déjà éditorialiste politique sur RTL, qui lui fait passer son grand oral. « Très jolie, cette jeune femme [a] commis l'erreur d'arriver à son examen entourée d'une cour masculine imposante », se souvient l'intéressé. Ce qui a eu pour conséquence de passablement agacer le jury. Si jeune et déjà vedette ! Aussi les membres de ce jury veulent-ils montrer que si l'élève Sinclair est brillante, nul besoin d'en rajouter et de jouer de son charme ou de son succès auprès des hommes pour espérer les amadouer… Si bien que cette entrée théâtrale lui coûte un point. Ce qui ne l'empêche pas de passer brillamment cet examen, dont le thème, pour le moins prémonitoire, est : « Le ministre des Finances sous la IVe République » ! Quant à cet oral proprement dit, Alain Duhamel en garde un souvenir précis : « Celui d'une fille solide, intelligente, pleine d'assurance, qui dégageait une rage, une force de caractère rare à cet âge. » De ce premier contact naît une complicité. Ils se retrouvent plus tard à Europe 1. Et, ensuite, sur des plateaux de télévision, animant quelques grands entretiens – dont un avec Jacques Chirac, à l'Élysée, en 1997 –, où la première bluffe littéralement le second : « De toute ma vie dans ce métier, souligne Alain Duhamel, je n'ai jamais vu une journaliste politique, voire un journaliste homme, lui arriver simplement à la cheville. »

L'éditorialiste de RTL sera ainsi de ceux qui ne lâcheront pas le couple Sinclair–Strauss-Kahn quand éclatera l'affaire de la Mnef et que DSK, sacrifié par Lionel Jospin, entrera en disgrâce. Anne Sinclair ne l'a jamais oublié. Chaque fois que Duhamel évoque le « cas DSK » à l'antenne de RTL, elle se fait envoyer le *verbatim* de ses propos et adresse toujours en retour un petit mot à leur auteur.

Premières armes à Europe 1

Tout cet imposant cursus universitaire, enrubanné d'éloges par un corps professoral à l'unisson, pour finir un beau matin dans une soupente d'Europe 1 ! Car c'est bien au sein de ce fleuron du monde de la radio, sorte de pinacle du journalisme à l'époque, qu'Anne Sinclair souhaite alors ardemment atterrir. Or, pour cela, il lui faut impérativement approcher le patron d'Europe 1 de l'époque, « Citizen G », Jean Gorini. Un mot sur lui. Beaucoup de ceux qui ont connu, il y a trente ans, cette figure imposante du journalisme, diraient qu'il leur a aboyé dessus, un jour. Ils eurent cet honneur. Or, ce monument qui en a tant et tant vu passer fut un défricheur de talents et de cinglés de la profession comme nul autre. Condamnée à être éblouissante, cette armée de débutants fut formée au pas de charge, sous le regard ombrageux – et la férule – d'un professionnel de belle lignée, dans la bouche duquel macéraient toutes les expressions clichés du métier. Ses « Dis-moi mon Coco... » en veux-tu, en voilà légendaires accompagnaient le plus souvent des consignes aux accents caporalistes, qu'il ponctuait de coups de menton. Mais il y avait dans son sillage un entêtant parfum d'excitation : celui d'une génération dorée, tout en dévotion, qui ne le lâchait pas d'une semelle, de peur de perdre le fil d'une pensée au laser. Maître façonnier d'un métier dont il fut un orfèvre, Jean Gorini forma ainsi les meilleurs (Étienne Mougeotte, Ivan Levaï, Jean-Claude Dassier, Robert Namias, Jean-François Kahn, Charles Villeneuve, Pierre Lescure, Jean-Michel Desjeunes, ou encore Gérard Carreyrou...). Chaque mois déboulait dans son bureau une cargaison de jeunes pousses qu'il expertisait d'un simple coup d'œil, séparant le bon grain de l'ivraie. La légende veut que le Dieu de la radio ait dit un jour à Gorini : «Jean tu es Jean et sur cette pierre, je bâtirai Europe 1.» Ce dernier en fit une cathédrale...

Voilà pour l'oraison.

C'est ainsi qu'Anne Sinclair franchit, un matin, sur la pointe des pieds, le seuil de son antre... Petit, râblé et fumant la pipe, ce personnage à la réputation, également, de profond misogyne, la toise du regard – revolver – avant de lui lancer avec l'air de celui qui ne tolérera pas très longtemps sa présence dans la pièce : «Qu'est-ce que vous vous imaginez? Vous êtes une femme, vous avez de jolis diplômes et n'avez jamais travaillé! Conclusion, mademoiselle, vous ne ferez jamais rien chez nous!» D'autres auraient décampé, mais Anne Sinclair s'incruste dans l'encoignure de la porte, le temps d'expliquer à Gorini comment elle est parvenue, grâce à sa persévérance et un subterfuge, à intervenir chaque soir sur son antenne, pour ensuite capter l'attention de ses interlocuteurs. Épaté, le patron d'Europe 1 détaille alors d'un peu plus près cette effrontée, qui, du coup, vient de perdre soudainement son statut de bécasse encombrante. L'ayant jaugée, il finit par lui répliquer : «Puisque vous vous intéressez apparemment à nous, je me dois de m'intéresser à vous.» C'est ainsi que, embauchée le jour même, Anne Sinclair se retrouve confinée dans une petite pièce, située dans les combles de la station, au milieu d'une batterie de jeunes étudiants, dont le travail consiste, alors, à sonder au téléphone les soirs d'élection un certain nombre de bureaux de vote test, en liaison avec l'institut Ipsos, afin d'anticiper les résultats officiels. À cette époque, ceux des législatives de 1973. Son premier job à « Europe ».

Et ce jusqu'au jour où Nathalie Duhamel, l'assistante de Jean Gorini – une belle-fille de Pierre Mendès France qui rejoindra plus tard le secrétariat particulier de François Mitterrand – tombe subitement malade. *Illico*, Gorini sort l'étudiante de son réduit et lui lance : « Un boulot de secrétaire qui ne sait pas taper à la machine, cela vous dit ? — Oui ! », lui répond, du tac au tac, Anne Sinclair. « Alors, c'est OK, mais vous ne mettez pas les pieds dans la rédaction. Je ne veux pas de femmes dans la rédaction ! C'est compris ? J'en ai déjà deux[2] et ça me suffit amplement ! — Et combien vais-je gagner ?, lui demande-t-elle. — 1 800 francs », lui rétorque le dos de Gorini. « Mais Nathalie touchait 2 200 francs ! » réplique la jeune femme. « Elle était trop cher payée ! *Disparaissez !* », bougonne le journaliste, avant de la congédier jusqu'au lendemain matin.

C'est de cette manière qu'Anne Sinclair posa un premier jalon au sein d'une maison qui lui mit ensuite lentement le pied à l'étrier, tout en étant parrainée de loin en loin par cet autre personnage tutélaire, lié de longue date à ses parents, qu'était Pierre Mendès France. Cette figure iconique de la gauche française est encore, aujourd'hui, prête pour le moulage et la canonisation dans la bouche de celle qui, l'ayant placé au premier plan dans son panthéon personnel, évoque son souvenir avec

---

2. Françoise Kramer et Catherine Dufresnes, à l'époque (*NdA*).

des trémolos dans la voix. Car c'est à ses côtés qu'elle fait ses toutes premières gammes dans le journalisme, après que « PMF » lui a confié, deux ans plus tôt, en 1970, la direction de son bulletin, *Le Courrier de la république*, une feuille à l'audience confidentielle, son premier sésame.

Ainsi parrainée, elle s'insinue, de fil en aiguille, dans les couloirs d'une station où chacun, à sa manière, la prend sous son aile. Certains lui glissent à la dérobée des numéros de téléphone à forte connotation hormonale. D'autres vont à l'essentiel, mettant en avant ses compétences professionnelles, « son enthousiasme et sa culture », renchérit Jean-François Kahn, qui partage avec elle sa passion pour Offenbach : une manière, là aussi, d'avancer d'une case sur l'échiquier de celle qui ne cesse d'affoler les compteurs masculins. C'est ainsi que, l'ayant également repérée, Étienne Mougeotte lui demande un jour de l'assister, en coulisses, pour la réalisation du journal de 19 heures, pour lequel elle doit rameuter les invités, tandis qu'Ivan Levaï, autre journaliste en herbe et chroniqueur de talent de la station, lui demande de menus services. La causticité et le charme de Levaï, cette plume que l'on sent alors électrisée par son métier, auront un jour raison des dernières résistances de l'intéressée...

Vient le mois de mai 1974 et l'élection de Valéry Giscard d'Estaing à la présidence de la République. Bien qu'habitant rue de la Bienfaisance, le nouveau locataire de l'Élysée ne se montre pas très généreux avec la maison Europe 1, qu'il a depuis longtemps sur sa liste noire et dans son viseur. Si bien que VGE se révèle un redoutable sicaire, décapitant à peine nommé l'ensemble de son état-major. À l'exception d'Étienne Mougeotte : converti fraîchement au giscardisme – dont il avait fréquenté, jeune, la sacristie, à savoir les Jeunesses giscardiennes, comme PPDA –, ce dernier hérite des rênes de la station. Le fait du prince.

Sitôt installé, Mougeotte décide de propulser à l'antenne un trio composé de Pierre Lescure, Jean-Michel Desjeunes et Anne Sinclair. « LSD », tel est le nom de l'émission au sein de laquelle la jeune journaliste est dès lors amenée à questionner, chaque jour, un invité, dix minutes durant : un « Confessionnal » – le titre même de cette mini rubrique – qui semble préfigurer ce qu'elle fera plus tard, à la télévision...

Un hussard de la politique

« Une supériorité que je vis tourner à plein régime et qui s'exerçait sur des gens dont on ne savait pas s'ils étaient fascinés par le moteur ou l'étendue des champs par ce bonhomme labourés. » Cet éloge du philosophe et journaliste Raymond Aron, signé de Jean-Paul Sartre, irait comme un gant à Dominique Strauss-Kahn, qui était déjà à sa manière, à cette même époque, un festival à lui seul, une belle mécanique qui attirait les superlatifs.

Car tandis qu'Anne Sinclair joue les petites mains dans les studios d'Europe 1, DSK achève un cursus universitaire roboratif, où se bousculent les diplômes de Sciences Po et d'HEC, ainsi qu'une agrégation d'économie et un passage, avorté celui-ci, à l'ENA. Un bagage tout aussi fourni que le nombre de visas qui estampillent son passeport, lesquels témoignent des bourlingues à travers le monde de ce globe-trotter devenu un client privilégié d'Air France. DSK voyage de la Chine aux États-Unis, de l'ex-URSS à l'Amérique du Sud, des pays et continents où il côtoie déjà la crème des plus jeunes experts du moment en matière économique.

Mais ce qui fascine surtout ses proches – dont déjà, à l'époque, un certain Pierre Moscovici, qui fut son étudiant et l'un de ses premiers hagiographes –, c'est ce qu'Anne Sinclair confessera un peu plus tard, en tombant dans ses bras : ce talent vernissé qui voit ce jeune « turbo prof », jamais aussi à l'aise que devant des amphis bondés, passer avec une même aisance et un même détachement, forcément déconcertant pour ses pairs, d'un cours magistral à une partie d'échecs d'un niveau d'un autre monde. Il est impossible d'arracher cet insatiable drogué de la performance et du jeu à son challenge du moment. Qu'il prenne le visage d'une reine en ivoire, culbutée sur un échiquier, ou de son équivalent, côté cœur, en chair et en jupon, celle-ci, enlevée avec le même appétit de victoire !

Laissons là ses cavalcades universitaires et revenons à ses moutons : la politique. En 1979, lors du congrès du parti socialiste à Metz, Dominique Strauss-Kahn décide de claquer la porte du Ceres, en rupture de ban avec Jean-Pierre Chevènement, dont il ne partage pas les prises de position en matière de politique monétaire. C'est l'époque également où il consolide sa relation, toute fraîche, avec Lionel Jospin et se rapproche de la mitterrandie, dont il ne sera pourtant jamais un familier, et encore moins un membre du premier, voire du deuxième cercle.

C'est d'ailleurs bien plus tard, en 1991, qu'il rencontre pour la première fois François Mitterrand, à l'Élysée, lors de la composition du gouvernement d'Édith Cresson. «Mitterrand m'a fait venir sur un prétexte quelconque, histoire de voir d'un peu plus près la gueule du gars qui allait devenir ministre», confie-t-il, sobrement, un jour[3]. Or, la «gueule» de celui dont certains des hiérarques du PS vantent alors le brio et les qualités de funambule n'inspire guère le locataire de l'Élysée. Il est des hommes comme de certains élixirs : tel un vieux cru vieilli en fût de chêne, riche en tanins, François Mitterrand regarde avec une curiosité teintée de condescendance ce plan de vigne un peu vert, trop vite monté en grains à ses yeux, et sous l'écorce duquel il devine une ambition farouche. François Mitterrand, qui a toute sa vie veillé au bon ordonnancement de son destin, tel un bel ouvrage de marqueterie dont chaque détail aurait été ciselé de sa main, juge ce hussard de la politique à l'idéologie libérale prononcée, en matière économique, et au train de vie un brin «bling-bling» – même si le terme n'existait pas encore, à l'époque –, un peu rustique. À ses yeux, ce DSK et son côté ramenard est un peu à la politique ce

---

3. *DSK-Sarkozy : le duel, op. cit.*

que le prêt-à-porter est à la haute couture : le contraire de la finition et du raffinement.

Sinclair au petit écran

Quant à Anne Sinclair, cette lumineuse et jeune créature qui égrène les conquêtes discrètes et sème dans son sillage soupirs et roucoulades, Mitterrand se promet de la rencontrer un jour. Mais, pour l'heure, celle-ci se débat dans les étages d'Europe 1 où, le vent politique ayant tourné, journalistes et animateurs passent allègrement à la trappe, sous la férule d'un Étienne Mougeotte en apparence ourlé de bonnes manières, mais qui est en fait un sicaire dans l'âme.

C'est ainsi que « LSD » est supprimé et que Jean-François Kahn, entre autres signatures connotées de la station, doit quitter la rue François-Ier avec, dans ses bagages, une Anne Sinclair qu'il embarque alors à ses côtés, sur FR3. Ses tout premiers pas à la télévision.

Ces débuts, forcément artisanaux et chaotiques, la voient coanimer avec « JFK », le dimanche soir, une émission fourre-tout, dont la feuille de route aurait pu se résumer par cette seule consigne : « Vous avez carte blanche ! » De fait, ce programme improbable fait l'effet d'un insolite et soporifique capharnaüm, où voisinent, pêle-mêle et selon l'humeur de ses deux présentateurs, tantôt un long sujet sur Victor Hugo, tantôt un ensemble de digressions interminables sur le thème de la liberté.

Avec, de temps à autre, des éclairs magiques, à l'image d'un face-à-face mémorable, car stratosphérique, entre le journaliste et écrivain Raymond Aron, juché dans les cimes, et François Mitterrand... Cette première expérience télévisuelle n'a pourtant qu'un temps. Las, «JFK» jette l'éponge, laissant Anne Sinclair seule sur le bord du chemin... jusqu'à ce que le patron de la chaîne de l'époque, Maurice Cazeneuve, l'embauche avec une autre reine en devenir, Christine Ockrent. C'est le début d'une rivalité feutrée qui verra ces deux vestales se frayer un chemin parsemé d'embûches dans les maquis du petit écran. Chacune à sa manière : la première, Ockrent, à coups de serpe, la seconde, Sinclair, à force d'empathie. Acculée et en sécession à France 24, la première bataillera jusqu'à l'agonie, poursuivant ses détracteurs jusque devant les tribunaux. Sacrifiée par TF1, la seconde se retirera en silence, pour ne pas avoir à s'épuiser dans des combats inutiles. Question de style.

Évincement : c'est une caractéristique partagée par ces deux journalistes, que des snipers – politiques ou patrons de chaîne – ont fréquemment prises pour cible, tout au long de leurs carrières respectives. Anne Sinclair connaîtra ainsi un premier baptême du feu en 1978 : alors qu'elle anime l'émission «L'homme en question» aux côtés de Pierre-André Boutang et Paul Giannoli, le P-DG de FR3, Claude Contamine, lui indique la porte. Punie pour impertinence. Déjà dans le collimateur de ses dirigeants pour faire la part trop belle, dans son émission, à des personnalités de gauche – dont l'incontournable

Pierre Mendès France –, elle se voit reprocher d'avoir voulu portraiturer Marcel Jullian, cette figure du petit écran et P-DG d'Antenne 2, que le pouvoir giscardien vient tout juste de débarquer. « Sachez, madame, qu'on ne parle pas de télévision à la télévision », lui explique un Contamine caporaliste. « Soit ! Eh bien, si c'est cela, je m'en vais », lui réplique l'intéressée en tournant les talons.

« J'étais déjà un peu grande gueule », confesse aujourd'hui celle qui, à cette époque, commençait à s'insinuer discrètement dans le paysage médiatico-politique français, où on la croisait dans les allées du parti socialiste. Où on l'apercevait dans les salons de certains cénacles huppés, fréquentés par le Tout-Paris. Elle fut ainsi, à 30 ans, l'une des rares femmes à disposer d'un bristol à son nom au Siècle, ce club très fermé où se côtoient les élites et dont l'essayiste et éminence grise de Nicolas Sarkozy, Alain Minc, lui ouvrit les portes.

5

Les années Mitterrand

E lle a 30 ans. Jeunesse s'enfuit, fougueuse et généreuse. Et Anne Sinclair voit des cortèges de soupi-
rants l'aborder avec des mines de mendiants implorant
la charité. Si elle met un frein aux assauts de la plupart,
elle abaisse son pont-levis pour celui, de onze ans son
aîné, dont elle parle aujourd'hui comme d'un « frère ».
Comme d'une ombre aimante – adultère et fidèle à la
fois – qui lui donna deux enfants : Ivan Levaï.

Un premier mariage « politique »

Deux yeux rieurs encadrant un petit nez batailleur, des
mains toujours en mouvements, expressives, dans la
bouche un grand tourbillon de mots et d'idées. Et, dans
son sillage, à défaut de celle entêtante d'un *after-shave* bon
marché, des effluves d'encre à peine séchée : insatiable
papivore, grand dévoreur de journaux devant l'éternité,

Ivan Levaï, tout jeune déjà, subjugue ses contemporains, à ses débuts sur l'antenne d'Europe 1... Par ses enthousiasmes et une formidable acuité qui lui font dénicher l'info du jour et des tours de phrases dont il a conservé la patine, d'abord. Par sa capacité à pondre des chroniques, comme nul autre, de petits articles écrits comme de vraies saynètes, ensuite.

On a beau avoir roulé sa bosse comme peu d'autres, avoir été, ce qu'il fut, directeur de deux radios (Europe 1 et France Inter), P-DG de la Chaîne parlementaire, directeur des quotidiens *Le Provençal* et *Le Soir* – sur l'insistance d'Edmonde Charles-Roux –, rien n'y fait : trente années de décryptage de la presse française oblitèrent tout ce passé galonné pour nous ramener immanquablement à ses lectures de 7 h 30. L'heure où Levaï montait sur le tréteau de sa revue de presse. La légende veut que c'est le patron et propriétaire du groupe Hachette, Jean-Luc Lagardère, qui, s'étant imposé, pour garder la ligne, d'interminables petits déjeuners matinaux, accompagnés de nombreuses longueurs de bassin, agacé de ne pouvoir connaître l'ensemble des titres des journaux du matin, aurait confié à Ivan Levaï le soin de (lui) commenter, tel un aboyeur de nouvelles au Moyen Âge, l'actualité du jour. Ce qu'il fit en artiste et avec impertinence sur l'antenne d'Europe 1 durant de nombreuses années.

Il y a entre Anne Sinclair et Ivan Levaï certaines similitudes. Comme elle, il est un nomade de la vie, contraint à l'exil par la force des événements. Son histoire débute en Hongrie, à Budapest, en 1937 dans une Europe alors sur le qui-vive guerrier. Né d'un père viennois, qui a abandonné sa famille dès sa naissance, et d'une mère juive de confession, modiste de profession qui, pressentant la barbarie à venir, s'est installée à Paris, l'enfant Levaï a traversé trois frontières pour rejoindre la France. Quand Anne Sinclair a dû franchir un océan pour trouver refuge avec les siens aux États-Unis. À chacun son exode. D'aucuns diront qu'il y a, de fait, de solides concordances entre ces deux destins : des résonances partagées, un ADN commun, où s'entremêlent des réseaux d'amis, des ralliements identiques et des engagements (politiques et religieux) gémellaires. D'une certaine façon, ces deux êtres sont en tous points raccords. Si bien qu'ils se marient un beau matin de 1976.

Dans les pas de Mitterrand

Si Anne Sinclair avait dû naître animal, elle aurait indéniablement été un taureau donnant des coups de corne à la vie. Elle a semble-t-il décidé de faire du milieu de la télévision une arène, son pré carré et un terrain d'expression militante où elle est prête à prendre tous les risques, des plateaux de télé dont elle ne sortira que couverte de sang, du garrot aux escarpins. Tout est bon chez elle pour asticoter l'appareil giscardo-chiraquien, en place à la tête des chaînes, qui la regarde naviguer avec des yeux ronds.

Son jeu préféré constitue à les provoquer en agrémentant les plateaux de ses émissions d'invités, dont la particularité est d'appartenir aux cercles les plus connus d'une gauche militante et bien-pensante. C'est ainsi que récupérée, par Jean Lanzi en 1978, toujours sur Antenne 2, au sein d'une émission à l'audience confidentielle, car diffusée le jeudi en pleine après-midi, elle invite des humoristes comme Guy Bedos ou passe à l'antenne les premiers dessins au vitriol d'un jeune artiste frondeur, un certain Cabu. Dans les étages supérieurs de la chaîne où on s'étrangle, le P-DG de l'époque, Maurice Ulrich, un proche collaborateur de Jacques Chirac, tempête mais ferme le plus souvent les yeux devant les égarements de celle qu'il a un peu pris sous son aile : qui peut bien la regarder à cette heure ? Pas les conseillers élyséens, en tout cas.

Deux ans plus tard, en 1980, et cette fois-ci aux côtés de Jacques Chancel, elle poursuit dans la même veine, portraiturant à l'occasion d'une émission sobrement intitulée « On n'a pas toujours 20 ans » une série de personnalités, dont elle revisite les jeunes années. Défile sous ses commentaires, comme dans une réunion de famille, une galerie de personnages clairement estampillés, de Raymond Aron à Françoise Giroud, en passant par Robert Badinter et Guy Bedos : des hommes et des femmes de son premier cercle, tous séminaristes d'une même Église, la gauche. Celle qui, de Chez Lipp au Flore, donne à Giscard le diable sans confessions et évoque la silhouette rédemptrice de François Mitterrand, dont Anne Sinclair, accompagnée de son mari, Ivan Levaï, est un thuriféraire discret, mais présent. Notamment au soir du 10 mai 1981, où le couple tient l'encensoir...

La toute première rencontre d'Anne Sinclair avec François Mitterrand remonte à 1974, bien avant la campagne à l'élection présidentielle. Au plus bas des sondages, le patron du PS n'intéresse alors que très peu des médias, plutôt séduits par celui qui pensait pouvoir entraîner la France derrière lui et dont l'éditorialiste et romancier, Jean Cau, disait, à la fois conquis et sceptique : « C'est un surdoué avec une case de trop » : VGE.

Si bien que, lorsqu'il s'agit d'interviewer, sur Europe 1, l'ermite de Château-Chinon et figure maudite du PS, pour la droite, c'est la stagiaire Sinclair que l'on envoie exécuter la corvée, un Nagra – l'ancêtre du magnétophone – d'une petite dizaine de kilos à l'épaule. Mais elle est aux anges. C'est non seulement sa toute première grande interview politique, mais aussi l'occasion d'approcher celui dont elle a épousé les contours de la pensée et qui porte ses espoirs en politique. L'entretien, qu'elle a longuement bachoté en revisitant l'ensemble des écrits du patron du PS, dont *La Paille et le Grain*, un livre, fondateur pour son auteur, qui sort alors en librairie, se déroule sur la terrasse de ses appartements parisiens, rue de Bièvre.

Or, ce jour-là, il y a des travaux dans la rue au bas de son immeuble et le bruit est infernal. Sur le seuil de la porte cochère, Mitterrand dédicace son livre à cette jeune journaliste qu'il découvre alors et qu'il abandonne à son décryptage.

Mais, sitôt de retour à Europe 1, celle-ci s'aperçoit que la quasi-totalité de l'entretien, étouffé par les martèlements des marteaux-piqueurs, est inaudible. Il faudra des trésors d'ingéniosité aux techniciens de la station pour récupérer l'essentiel des propos du leader socialiste, devant une Anne Sinclair en larmes.

En vérité, c'est Ivan Levaï qui connaît bien et de longue date François Mitterrand. Au titre des fonctions qu'il occupe alors au sein du service politique d'Europe 1, d'abord, et de convictions politiques chevillées à l'âme, ensuite, il ne le lâche pas d'une semelle, trop inquiet à l'idée de rater le coche, lorsque les sondages se mettront à souffler dans le bon sens avec un Mitterrand en situation – enfin ! – de l'emporter.

C'est ainsi que le couple a pris l'habitude d'aller rejoindre, les dimanches d'élection, le fief de François Mitterrand, à Château-Chinon, là où une petite vingtaine de journalistes viennent assister en procession aux traditionnels revers électoraux d'un responsable politique en capilotade chronique : une antienne cruelle pour le principal intéressé, qui voit chaque fois débarquer le même cortège de reporters en dévotion. Certains, le visage confit de tristesse, d'autres avec des petits mots de réconfort pour le candidat malheureux... C'est devenu une sorte de rituel, qui voit ce petit aréopage de journalistes politiques observer avec affection celui qui les électrise, au-delà de ses déboires politiques, et dont les déjeuners à l'auberge du Vieux Morvan relèvent également d'un cérémonial.

Immanquablement, les plans de table sont les mêmes : on trouve, entourant François Mitterrand, outre un premier cercle composé de Danièle, son épouse, Christine

Gouze-Rénal, sa belle-sœur, accompagnée de Roger Hanin, des personnalités comme Jack Lang, Claude Estier, Jacques Attali ou encore Robert Badinter. Ainsi qu'une poignée d'aficionados fascinés par celui qui médite bucoliquement dans les rues d'une ville, « sa » ville, qu'il parcoure à l'heure du café, entouré de sa cour. « Ne remarquez-vous rien dans cette rue ? » lance-t-il un jour à Anne Sinclair, alors qu'ils cheminent côte à côte. « Vous êtes vraiment une citadine pour ne pas voir que toutes les lignes électriques sont enfouies et qu'aucun poteau ne vient défigurer ce beau lieu. » L'intéressée nous confessait au printemps dernier se souvenir régulièrement de cette scène pourtant anodine, en découvrant chaque matin, des fenêtres de son appartement à Washington, une forêt de fils électriques entremêlés qui lui cisaillent l'horizon... Les vrais problèmes, à l'époque : on était loin, très loin, à des millénaires, des hautes tensions de Manhattan et des courts-circuits du Sofitel...

Anne Sinclair retrouve Mitterrand, de manière plus formelle cette fois, lors de la campagne officielle de 1981, à la télévision. Au moment de désigner les journalistes appelés à interroger tel ou tel candidat, le parti socialiste, par la voix de Robert Badinter, auquel elle est liée depuis maintenant plus de trente-cinq ans, fait appel à elle. Restée dans les annales, l'interview, minimaliste dans sa forme, voit un François Mitterrand, visage d'ivoire et ton crépusculaire, répliquer avec vigueur aux charges de Valéry Giscard d'Estaing dans la presse, un président de la République au bord de l'abîme et dont le leader du

PS fait ce jour-là du menu bois. «Mensonge, mensonge, mensonge», martèle François Mitterrand, qui fait sortir VGE de ses gonds. «Rendez-vous compte, il m'a traité de menteur!» tempête-t-il, interpellant Anne Sinclair, en marge de cette édition volcanique de «7 sur 7» – où il s'invita à treize reprises en l'espace de treize ans! «Non, il n'a pas menti! Pourquoi dites-vous cela?» lui réplique alors la journaliste, droite dans ses bottes, et que VGE prend définitivement en grippe après cet épisode. «François Mitterrand, qui fait de la politique, n'a fait que répondre à ce qui lui semblait ne pas correspondre à la réalité.»

Anne Sinclair, qui a de la mémoire et peu de compassion à l'égard de ceux qu'elle a définitivement rangés dans le camp de l'adversaire, n'oubliera jamais cet incident. Lors de la publication, chez Grasset, de son livre, *Deux ou trois choses que je sais d'eux*, Bernard-Henri Lévy, qui l'édite alors, tente de la convaincre d'arrondir, à la marge, son chapitre sur Giscard, trop abrupt et écrit en eau-forte, aux yeux du philosophe. Peine perdue : illuminée par Mendès et maintenant aveuglée par Mitterrand, elle refuse d'alléger d'une ligne sa charge contre Giscard. Au nom de convictions solidement chevillées et du combat qu'elle mène alors en sourdine contre le locataire de l'Élysée.

La victoire

Vient le 10 mai 1981. Ivan Levaï et Anne Sinclair partent en voiture pour Château-Chinon, où plus de deux cents journalistes, venus du monde entier, assiègent le Vieux Morvan. Comme à chaque soir d'élection, François Mitterrand y a élu domicile et, dans l'attente des premiers «SSU» – ces fameux sondages sortis des urnes, qui donnent le «la» d'une élection –, il tient table ouverte au milieu d'une cohue indescriptible.

Puis, vers 15 heures, celui-ci monte dans sa chambre faire sa traditionnelle sieste, avant de réapparaître aux alentours de 18 heures. L'apercevant, Anne Sinclair s'approche alors, le harponne et, cherchant un sujet de conversation, décide de l'entreprendre sur la météo locale. «Comment expliquez-vous qu'il pleuve sur Château-Chinon chaque fois que nous y descendons?» L'instant est pour le moins surréaliste. Car tandis que la France bascule à gauche et qu'une crise de tachycardie aiguë secoue la foule de journalistes et de militants socialistes accourus autour de l'hôtel du Morvan, François Mitterrand entame avec une jeune journaliste, presque inconnue du métier, une longue conversation sur l'influence des masses granitiques morvandaises sur le climat local!

C'est alors que surgit au beau milieu de ce tête-à-tête insolite la journaliste politique du *Point*, Danièle Molho. Essoufflée et entourée de deux hiérarques du PS au bord de l'apoplexie (Jean Glavany et Louis Mermaz), elle annonce d'un ton pénétrant à François Mitterrand son élection, selon de toutes premières estimations incandescentes transmises par différents instituts de sondage.

Impassible, le candidat du PS Mitterrand regarde la jeune femme et lance, sobrement: «C'est tout de même mieux que si c'était le contraire », avant de renfourcher, face à Anne Sinclair vers laquelle il se retourne, son propos climatologique, avec la précision et la passion d'un jeune laborantin de Météo France…

Mais, au fil des minutes, la pression devient telle dans la pièce que François Mitterrand finit par regagner sa chambre. Sur le chemin, il croise Anne Sinclair et Ivan Levaï, tous deux assis sur une marche d'escalier. « Mais qu'est-ce que vous faites là ? » leur demande-t-il. « On réfléchit », balbutient un brin gênés les intéressés. « Suivez-moi, vous ne serez pas de trop », leur réplique-t-il alors, avant de les entraîner dans sa chambre, où les rejoignent Jean Glavany et Louis Mermaz qui, tels deux serre-livres, encadrent la porte et ne quittent pas François Mitterrand d'une semelle.

À l'intérieur de cette petite chambre, tout est monacal : le lit est spartiate, les rideaux ont été tirés et la lumière est tamisée. Quant au décorum, il se réduit à un papier peint à fleurs et à un simple téléphone mural. Anne s'est posée sur le lit, tandis qu'Ivan est à même la moquette, assis en tailleur. Il est un peu moins de 20 heures et le nouveau président de la République se tourne alors vers les deux journalistes et leur dit : « Puisque vous êtes des gens de plume, vous allez m'aider à rédiger ma déclaration. » Mais il n'y a pas un gramme de papier dans la chambre. Mitterrand fait appeler la propriétaire de l'hôtel, une certaine Mme Chevrier, qui revient de sa cuisine avec quelques feuilles de papier sulfurisé, sur lesquelles François Mitterrand commence à coucher quelques idées éparses, tandis qu'Ivan Levaï, un calepin et un crayon à la main, griffonne quelques mots, tout en suggérant du bout des lèvres à François Mitterrand de ne pas omettre de remercier dans son discours « les Français qui n'ont pas voté pour [lui] ». Inédite, la situation devient au fil des secondes intimidante, embarrassante même pour ces deux plumitifs, conviés à calligraphier pour la postérité, tels des scribes, ces instants historiques. Si bien qu'à un moment donné, ils décideront de s'éclipser, laissant François Mitterrand seul en tête à tête avec ses deux sherpas, qui l'assisteront dans la rédaction de son tout premier discours de président élu.

Quelques longues minutes plus tard, c'est dans la salle à manger de l'hôtel, devant un poste de télévision, où tombent comme à Gravelotte les résultats des villes et départements avec la volupté d'une pluie de confettis un soir de bal de 14 Juillet, que Mitterrand va lâcher un premier commentaire devant le couple Levaï-Sinclair, qu'entoure maintenant une foule de partisans exubérants : « Enfin, les ennuis commencent ! Mais quelle histoire, mon Dieu, quelle histoire... »

Anne Sinclair est sur un nuage. Et les jours qui suivent le sacre de François Mitterrand la voient plonger dans l'adoration béate, dans l'idolâtrie la plus extatique. Doit-on dire de l'ordre du religieux ? Pour ne rien perdre des prophéties de celui qu'elle appelle, sous sa plume, « notre beau François » (*sic*), elle sillonne Paris, ses pas dans les siens. De la remontée des Champs-Élysées, où elle a rejoint Ivan Levaï et son ami, Elie Wiesel, aux marches du Panthéon, autre station d'un président auréolé, dont elle salue, extatique, « la descente shakespearienne au tombeau de Jean Moulin ». Une phrase extraite du portrait, sans retenue, qu'elle tracera de François Mitterrand dans un ouvrage pour le moins hagiographique, publié un an plus tard, (*Une année particulière*). On peut y lire ces lignes à propos du 10 mai 1981 : « L'histoire est en train de s'écrire, et l'élan ému pour ce capitaine d'exception dont, enfin, le vaisseau fantôme avait le droit de marcher au port [...] » Quant à l'auteur de ce passage, il marche sur l'eau parmi les disciples, en lévitation. Ne manque plus à la roche de Solutré de se transformer en un lieu de pèlerinage et de dévotion, pour que le mythe devienne entier : Anne Sinclair peut se rassurer, il le deviendra par la volonté de ce président ainsi statufié, qui passera à la moissonneuse-batteuse, à peine installé dans ses meubles élyséens, des légions de journalistes placardisés. Au son d'une triste Carmagnole. Au nom de leurs embrigadements passés dans le camp d'en face.

Anne Sinclair, elle, est sur la bonne rive. Et l'heure est aux festivités, rue du Faubourg-Saint-Honoré. D'un monarque, l'autre... Sous les lambris de l'Élysée, où « le rêve se poursuit », écrit-elle encore, le tout-état socialiste, qu'entoure un aréopage d'artistes, d'écrivains et de journalistes, au nombre desquels le couple Sinclair-Levaï, est convié à s'asseoir à la table du nouveau chef de l'État. Foie gras et vins fins accompagnent ces agapes qui ouvrent l'ère Mitterrand à l'Élysée, où chacun se pince pour être sûr de ne pas rêver.

Car le spectacle est inédit, la situation est insolite, quasi informulable pour celle qui ne pensait pas pouvoir un jour fouler les parquets chargés d'histoire de ce palais, sur l'invitation d'un président de la République portant rose, faucille et marteau à la boutonnière.

À deux reprises, durant les étés 1981 et 1982, elle aura les honneurs de Latche, la résidence landaise de François Mitterrand, où, accompagnée de son époux, elle rentre dans l'intimité d'un président – qui tente notamment de l'intéresser au Tour de France, diffusé à la télévision –, et qu'elle verra finalement peu par la suite. Même si elle restera l'une de ses grandes protégées, à l'instar d'une brochette de journalistes ou d'animateurs de télévision, qui déboulent dans les chaînes, devant ou derrière l'écran, au surlendemain de la victoire du 10 mai : de Roger Hanin à Serge Moati, de Pascal Sevran à Bruno Masure, en passant par André Harris, Marcel Trillat, Michel Polac, ou encore Jean-Noël Jeanneney, nommé à la présidence de Radio France.

Outre ces mouvements, qui voient des équipes entières valser au gré des étiquettes qu'on leur affuble, le PCF, qui revendique alors l'embauche de journalistes communistes, au nom d'un ostracisme giscardo-gaulliste radical, négocie d'arrache-pied avec les socialistes. Ces discussions serrées, qui vont durer de l'automne 1981 à l'automne 1982, verront le secrétaire général du PCF de l'époque, Georges Marchais, François Mitterrand et son Premier ministre, Pierre Mauroy (alors assisté de celui qui deviendra plus tard P-DG d'Arte, Jérôme Clément), batailler pied à pied. Chaque nom est arraché, plutôt que concédé par l'un et l'autre des deux camps. C'est ainsi que sont nommés sur la quote-part du PC, à TF1 par exemple, François Salvaing, Roland Passevant, Jean-Luc Mano et Victoria Llanso, tandis que débarquent à FR3 Jean-Charles Eleb et Michel Naudy, le responsable du service politique de la chaîne. Combien sont-ils au total ? S'il est possible d'identifier aisément une trentaine de têtes connues, installées à des postes clés, l'on estime alors à une soixantaine le nombre de journalistes proche du parti communiste parachutés dans les trois chaînes ainsi qu'à Radio France. Peu de monde, en vérité – moins de 5 % de l'ensemble –, rapporté aux mille quatre cents cartes de presse recensées à l'époque dans l'audiovisuel public. Pour le reste, c'est le parti socialiste qui impose son « *spoil system* » et passe au laminoir les organigrammes des rédactions au grand complet.

Accrochages et convictions

Anne Sinclair, on l'a compris, n'est pas de celles qui doivent s'inquiéter de cette soudaine et brutale reprise en main. Effeuillant chaque jour sans se lasser deux journaux mitterrandiens en liesse, troussés d'éloges – *Libération* et *Le Matin de Paris* –, qui célèbrent l'état de grâce du nouvel élu, la voilà assurée, si tout va bien, d'une carrière enrubannée.

Mais non sans à-coups. Car elle connaîtra des épisodes moins harmonieux avec François Mitterrand, dont les chaouchs vont mettre les rédactions en coupe réglée. Elle a en effet avec le président de la République des échanges souvent vifs, facteurs de conflits plus lourds... C'est notamment le cas lors de la retentissante affaire Pelat. Roger-Patrice Pelat? Un ancien résistant et un homme d'affaires, ami personnel de François Mitterrand, inculpé le 16 février 1989 dans l'affaire Pechiney-Triangle, pour délit d'initié. Cette figure discrète de la mitterrandie s'est liée d'amitié avec François Mitterrand en Allemagne, pendant leurs mois de détention dans un stalag, en 1940, puis dans la Résistance. Devenu un richissime homme d'affaires, cet intime du locataire de l'Élysée déclenche une véritable tempête politique, au point qu'un matin, Anne Sinclair, alors à TF1, où elle anime « 7 sur 7 », propose à François Mitterrand de s'en expliquer sur son plateau.

Elle se rend pour cela au palais, où son locataire, passablement agacé à l'idée de devoir s'expliquer sur cette amitié, lui lance à brûle-pourpoint : « J'espère, Anne, que vous ne comptez pas passer toute l'émission là-dessus ! — Monsieur le président, il sera difficile de passer sous silence cette affaire, car les Français ont besoin de comprendre », lui réplique-t-elle, avant de réaliser, quelques jours plus tard, l'un des entretiens télévisés les plus rudes de toute sa longue carrière.

Car ce qui ne devait au départ intéresser l'émission qu'une dizaine de minutes s'étendra sur près de quarante-cinq minutes, obligeant ainsi Étienne Mougeotte, le patron de l'antenne de TF1 à l'époque, qui chauffait à blanc Anne Sinclair depuis la régie – « Vas-y continue, ne le lâche pas ! » –, à repousser le journal de 20 heures d'une demi-heure. Du jamais fait, du jamais vu sur cette chaîne depuis sa création.

Sur le plateau, où le climat est proche de l'étuve, le teint blanc de François Mitterrand tourne à l'ivoire. Défendant l'honneur perdu de son ami lapidé, luttant pied à pied, le buste en avant et le verbe ciselé, Mitterrand révoque avec force chaque assignation, qu'il assimile alors à de « piteuses cabales ». Car l'enjeu est d'importance : il s'agit de recoudre une réputation broyée par une affaire poisseuse et de tirer Roger-Patrice Pelat hors de la fosse aux lions. Pas si simple. La tension est telle que, durant une pause publicitaire, François Mitterrand fusille Anne Sinclair d'un cinglant : « C'est à l'évidence votre choix : vous avez décidé de m'enfoncer ! — Non, monsieur le président, je fais simplement mon métier de journaliste », lui répond-elle, alors qu'il la tisonne d'un regard polaire. L'émission terminée, ce dernier, qui a pourtant été éblouissant, quitte le plateau furieux, telle une araignée fuyant un brasier. Et ce, malgré l'avalanche d'éloges de ses conseillers qui l'entourent et saluent sa performance.

Mais Mitterrand, au fond de lui, jubile : condamné à être lumineux, il a été à la hauteur de l'enjeu et mieux encore... Ayant le sentiment d'avoir purgé un abcès de son passé, tout en honorant la mémoire d'un homme dont il a été l'ami, il se sent l'âme sereine. Si bien que, le lendemain, après avoir épluché une presse saluant sa performance d'équilibriste, il téléphone à Anne Sinclair pour la féliciter longuement : «Il vaut mieux être interrogé de cette manière que complaisamment», lui dit-il, avant de l'en remercier. Quant à la journaliste, elle a droit, la semaine suivante, aux honneurs du très conservateur et anti-mitterrandien *Figaro Magazine*, qui salue, lui aussi, sa prestation : suprême réhabilitation pour celle qu'une droite militante, embarrassée par son talent et ses capacités à rebondir, vomissait en coulisses.

Ainsi couvée à gauche et tolérée à droite, Anne Sinclair, qui aura tout au long de sa carrière des relations souvent crispées avec de nombreux responsables politiques du RPR ou de l'UDF, n'en est pas moins respectée dans les rangs chiraquiens, d'abord, et balladuriens, ensuite.

Même Jacques Chirac, lui-même, lui reconnaît des qualités, bien qu'il eût aussi avec elle des relations souvent difficiles. Ainsi, c'est d'un ton patelin qu'il lui reprocha un jour ce qu'il qualifiait alors chez elle de «singulier parti pris» : «Mais pourquoi faites-vous plus appel à Pierre Arditi qu'à Line Renaud pour vos émissions?» Le choix du cœur, faillit-elle répliquer, mais elle ne le fit pas...

De François Mitterrand, elle a fait donc une addiction, à en perdre le sens de l'orientation : comment la droite ose-t-elle même revendiquer le droit à l'existence? Mais du même François Mitterrand, elle fera un soudain et violent rejet, en 1994, quand, prise d'un profond et déchirant malaise, elle découvre le livre de Pierre Péan, *Une jeunesse française*. Un choc pour Anne Sinclair. L'ouvrage, qui fait l'effet d'une bombe en France, fait émerger des brumes du passé une partie enfouie d'un homme dont on découvre alors les liens d'amitié obscurs, sous l'Occupation, avec René Bousquet, le secrétaire général de la police de Pierre Laval. C'est ainsi que l'ouvrage met au jour plus largement, au-delà de son rôle dans la Résistance, la permanence des relations de François Mitterrand, durant cette même période, avec certains des acteurs de la collaboration.

Pour Anne Sinclair, qui encaisse ces révélations avec difficulté, c'est plus qu'une simple « cassure », un trauma politique et le début d'une rupture. En adoration presque mystique, elle s'est longtemps rangée parmi les témoins de moralité de François Mitterrand les plus inflexibles. Ne doutant jamais, évidemment, elle l'a toujours défendu bec et ongles, contre vents et marées, face à ses détracteurs : pas touche à l'icône de 1981 en sa présence !

Mais voilà qu'avec la même intransigeance, elle voue maintenant aux gémonies celui dont l'image vient d'être bien plus qu'ébréchée par ces révélations, salement défigurée : Mitterrand l'a bercée de mots sur un air de mensonge et voilà qu'un pavé de quatre cents pages le déboulonne de son piédestal.

Pour Anne Sinclair, les choses sont désormais claires : François Mitterrand ne mérite plus ce soutien aveugle qu'elle lui a prodigué treize ans plus tôt, au milieu de la liesse de Château-Chinon.

Est-ce en raison de cette déflagration qu'elle prit ses distances ? Ou est-ce à cause des questions qu'elle posa, ensuite, aux nombreuses personnalités de gauche, invitées à, voire sommées de commenter, revisiter, sur TF1, le passé vichyste du chef de l'État – ce dont il prit ombrage –, que ce dernier l'écarta ? Toujours est-il qu'elle ne le reverra plus, jusqu'à sa mort. « D'une certaine manière, il nous a trompés », nous confie-t-elle du bout des lèvres, un brin amère, à l'hiver 2011. Quelques mots sobres pour expliquer sa prise de distance avec celui dont elle fut de tous les pèlerinages, Château-Chinon, Vézelay, Solutré, Latche...

De Mitterrand, Anne Sinclair fut ainsi ivre, en communion, le sang contaminé, percluse de superlatifs, incapable du moindre adultère. Jusqu'à cette magistrale gueule de bois, jamais oubliée... En témoignera plus tard un autre livre, *Deux ou trois choses que je sais d'eux*, dans lequel elle évoque longuement François Mitterrand, avec une certaine rudesse et une sorte d'aversion rétrospective. Qu'il est loin alors le temps de leurs déjeuners en tête à tête chez Bernard Loiseau, à Paris, où la journaliste et le président dissertaient en toute confidence...

6

Les années TF1

« La télé rose ». Ce titre, qui barre la une de *France-Soir*, dans les premiers jours du mois de septembre 1981, est à l'image du profond bouleversement qui agite le paysage audiovisuel français, un secteur mis au pas, brutalement affermé par un pouvoir socialiste qui ne fait pas dans la demi-mesure

Conspués au soir de mai, place de la Bastille, Jean-Pierre Elkabbach, Étienne Mougeotte et Patrice Duhamel, les ombres portées du président déchu et les symboles décriés d'une télévision profanée, à la botte de Giscard, sont tombés : frappés d'indignité professionnelle, ils doivent faire place nette. Le petit écran vit ainsi aux rythmes des placards qui se remplissent, des têtes qui roulent et de quelques Bastille « libérées », ces journaux de 20 heures dont le PS redistribue la présentation.

La première traversée du désert

C'est dans ce climat pesant qu'André Harris prend les rênes de TF1. Journaliste et documentariste de talent, ce moine-soldat de la mitterrandie constitue son casting, en liaison directe avec l'Élysée où Anne Sinclair figure en bonne place. Adoubée par le Château, elle se voit proposer, un matin, d'animer la tranche 12 h 30-13 heures, tenue alors par Danièle Gilbert. « Elle est nulle », lui dit André Harris. Anne Sinclair à l'heure du déjeuner, Michel Polac une fois par semaine en fin de soirée, le tout entrelardé d'une information redessinée au cordeau : il n'en faut guère plus pour déchaîner la presse d'opposition. Des critiques qui atteignent Anne Sinclair, à l'époque, puisque le rendez-vous qu'elle anime est un mélange volontairement apolitique de chroniques culinaires et de rendez-vous touristiques. Pas de quoi pétitionner.

La charge est d'autant plus rude à encaisser qu'un an plus tard, Michel May, l'ectoplasmique successeur d'André Harris à la tête de TF1, la convoque pour lui signifier son limogeage : « J'ai assez d'une femme [Christine Ockrent] à l'antenne. Deux, c'est trop ! Et en plus, ce que vous faites ne me convient pas. Je vous préfère Patrick Sabatier. » Trop jeune ? Pas assez madrée pour l'univers de la télévision et ses marigots ? Pas si en cour que cela parmi les cardinaux de la mitterrandie, qu'assiègent une légion de processionnaires, champions de la courtisanerie ? Ce qu'elle n'est pas et ne sera jamais. Ou trop orgueilleuse pour aller tirer la sonnette de François Mitterrand, l'encensoir à la main ? Toujours est-il qu'Anne Sinclair va connaître sa toute première traversée du désert. Limogée, virée « comme une malpropre », dit-elle, elle s'inscrit au chômage et profite de cet intermède obligé pour faire un deuxième enfant. À ceux qui s'inquiètent de cet exil, dans son entourage, elle répond que ce n'est qu'une parenthèse et qu'elle va vite rebondir.

En fait, elle est désespérée. Son bureau, chez elle, déborde d'enveloppes timbrées dans lesquelles elle glisse des CV, dont elle s'inquiète qu'ils finissent par jaunir, les semaines et les mois passant. Tandis qu'elle est pendue au téléphone, ses interlocuteurs dans les chaînes lui opposent des fins de non-recevoir polis. Du coup, elle partage son temps entre des balades au parc avec ses deux enfants en bas âge et l'écriture d'un premier livre au titre tout trouvé, *Une année particulière* : cette chronique ripolinée de l'année 1981 est une ode à François Mitterrand, dont elle retrace l'ascension à mots fiévreux, d'une plume acidulée, comme l'on revisite un lieu de culte.

Il faudra attendre 1983 et l'arrivée d'Hervé Bourges à TF1 pour que la roue tourne à nouveau. Africaniste éclairé et thuriféraire accompli de François Mitterrand, ce dernier va profondément transfigurer cette chaîne, dont il prépare, sans le savoir, la privatisation, décidée par Jacques Chirac trois ans plus tard. Rappelée à TF1, Anne Sinclair se voit d'abord confiée par Jean Lanzi la présentation d'un magazine baptisé « Édition spéciale ». Puis, six mois plus tard, une place en tandem, avec le même Jean Lanzi, aux commandes cette fois d'une émission au titre simple, « 7 sur 7 », qui deviendra une marque installée en tête de gondole sur les linéaires du petit écran. En effet, ce rendez-vous s'imposera comme la première grande émission politique contemporaine à la télévision, depuis « Cartes sur table », dans les années soixante-dix.

Mais Jean Lanzi, qui est alors à la gauche ce que Jean-Claude Narcy sera plus tard à la droite – un professionnel atteint d'une inquiétante cécité journalistique, en raison d'une proximité atavique avec le pouvoir en place –, finit par jeter l'éponge, lors du rachat de TF1 par Francis Bouygues. Il est vrai qu'entre-temps, le malheureux s'est illustré, de manière mémorable, au travers d'un rendez-vous proprement surréaliste, qui a vu Laurent Fabius, alors Premier ministre (et soupirant transi d'Anne Sinclair), en 1985, confectionner une émission mensuelle, construite sur mesure. Cet objet télévisuel non identifié s'appelait « Parlons France » et voyait le jeune locataire de Matignon, boursouflé d'ambition, égrener ses réformes d'un ton monocorde et ampoulé. Et cet ensemble, qui sonnait furieusement faux, renvoyait le téléspectateur aux années Peyrefitte de l'ex-ORTF. Farci de componction et imposé à TF1 par Matignon, dans le rôle de passe-plat, Jean Lanzi semblait à la dérive face à un Premier ministre qui jouait à domicile et dont Lanzi n'était que le sparring-partner. L'exercice lui fut fatal : ce mitron du journalisme politique à qui ses collègues de TF1 promettaient la plonge s'il persistait dans cette tambouille, finit par rendre son tablier... Il ne s'en relèvera jamais.

Et Berlusconi se mit à genoux…

Exit Lanzi. Francis Bouygues *te salutat!* «Bouygues Imperator»? Un industriel du BTP venu à la télévision comme un maquignon monté à la capitale à l'occasion du Salon de l'agriculture, dans son beau costume du dimanche. Une masse de bonhomie prête à aller braconner dans le stand du voisin. Tout ce qui est affiné en lui est enfoui sous une épaisse couche de rusticité. Mais s'il est parvenu à édifier un empire de béton à la truelle, il s'est promis de bâtir la toute première chaîne d'Europe, armé de son arme favorite : son chéquier.

Installé dans des bureaux au luxe chargé (mélange de marbre blanc et d'acajou astiqué) sur les Champs-Élysées, il reçoit, goguenard, le ban et l'arrière-ban d'une chaîne dont il s'échine à endiguer l'hémorragie à coups de millions de francs.

Et il y a urgence. Car dans le camp d'en face, sur les rives de La Cinq, qui s'apprête à décoller, un autre milliardaire, *condottiere* de son état, aligne également les zéros et fait tintinnabuler ses tiroirs-caisses : Silvio Berlusconi.

Ce qui oblige Bouygues à redoubler d'efforts et de générosité. Si Patrick Sabatier, Patrick Sébastien, Stéphane Collaro et quelques autres migrent sur La Cinq, la majorité de ceux qui se pinçaient le nez à l'annonce de la vente de TF1 à un géant du béton aux allures de propriétaire terrien – tombeur au passage d'un Gascon humilié par son échec, Jean-Luc Lagardère – succombent aux charmes du très généreux et capricieux industriel.

Anne Sinclair y compris. Pour elle, comme pour de nombreux autres journalistes vedettes et animateurs, Francis Bouygues met les petits plats dans les grands, déroule le tapis rouge. Mais il n'est pas le seul. Silvio Berlusconi, lui aussi, se plie – littéralement – en quatre pour tenter de convaincre la journaliste de le suivre dans sa nouvelle aventure. Empereur-ludion entouré d'une cour de conseillers aux quatre cents coups, cet autre industriel – des médias, celui-ci –, la reçoit à déjeuner, un jour de mars 1985, dans de somptueux appartements, tout en parquets du XVIIIe et enluminures au plafond, donnant sur la place de l'Étoile, à Paris.

Exultant, dégoulinant de prévenance, déballant une montagne d'arguments sertis de promesses, il lui fait ce jour-là un numéro de faussaire de génie. Toute la quincaillerie de ce bonimenteur hors pair y passe : oui ! Il fera d'elle une reine, ensevelie sous un torrent d'argent – son salaire, lui jure-t-il, sera multiplié par dix, son exposition à l'antenne par cent et sa notoriété, à proportion.

Et s'il faut une preuve de plus de son désir irrépressible de la voir figurer dans son écurie, il est prêt à se mettre à genoux. Joignant le geste à la parole, Silvio Berlusconi se lève de sa chaise, avant de se laisser tomber à même le parquet. Et Anne Sinclair le voit faire le tour de la table à genoux, l'implorant les mains jointes et les doigts en bouquet, en psalmodiant : « Je veux que vous veniez, vous aurez tout ce que vous voudrez, un mot de vous et je fais des miracles… »

Peine perdue, la belle décline l'offre. Et c'est l'œil voilé et le ton minaudant – ultime tentative – que *Sua Emittenza* la raccompagne à l'ascenseur. « Je l'ai peut-être échappé belle… » : vingt-sept ans plus tard, au-delà de son caractère hilarant, cet épisode est évoqué avec un certain malaise par celle qui se dit, rétrospectivement, que celui que l'on surnomme aujourd'hui le « sultan aux quarante-trois jeunes conquêtes » aurait pu ce jour-là perdre patience – et de sa retenue –, pour l'entraîner dans une alcôve où il aurait tenté de la séduire… Silvio Berlusconi ? Oui et pas un autre ! Les ailes chargées de non-dits, un ange s'enfuit quand fut évoquée l'anecdote ; il n'y avait pourtant aucune malignité dans le regard d'Anne Sinclair quand elle raconta cette scène. Et pas plus de gêne quand elle effleura cette hypothèse qui nous ramenait implacablement à un autre homme, à d'autres lieux, d'autres situations. Toutes aussi scabreuses et non moins embarrassantes…

Sa rencontre avec Francis Bouygues n'en est pas moins pittoresque. Intuitif, rapide et habile en affaires, FB, comme on le surnomme alors au sein de son groupe, se sait pas très cultivé ni très au fait des arcanes de l'intelligentsia française, qu'il ne fréquente pas et dont Anne Sinclair est l'un des symboles. Mal à l'aise « en société », l'industriel, pour faire bonne figure, se cuirasse le plus souvent de phrases toutes faites, dont certaines confinent parfois à la maladresse.

C'est ainsi que, croyant bien dire, alors qu'il la reçoit pour la première fois dans ses bureaux parisiens, il débute l'entretien en lui disant, comme s'il s'agissait d'une simple entrée en matière polie : « Vous savez, j'aime beaucoup les Juifs ! » L'intérêt de la formule, d'une maladresse insigne, n'avait dans sa bouche pas d'autre but que de mettre à l'aise celle qui en resta tout simplement bouché bée ! Connaissant l'animal de réputation, elle s'était promise de ne relever aucune de ses perles, sachant pertinemment que, si elle avait été végétarienne, Francis Bouygues lui aurait lâché avec la même candeur : « Vous savez, j'adore les brocolis. » Ainsi était l'homme, imprévisible, d'une finesse de déménageur, mais prévenant.

Passée cette mise en bouche, qui laisse Anne Sinclair estomaquée, l'homme attaque le plat de résistance : elle aura naturellement une paix royale, « carte blanche » sur TF1, où Patrick Le Lay et Étienne Mougeotte, les nouveaux patrons de la chaîne ont reçu pour consigne de bien la traiter. Pour preuve, son salaire que Francis Bouygues multiplie rondement, d'un simple jeu d'écriture paraphé de sa main, passant de 2 500 francs à un peu plus de 20 000 francs de l'époque...

La saga « 7 sur 7 »

Il est vrai qu'à cette date, Anne Sinclair a changé de statut : pour l'opinion, elle est une icône. Créée le 12 septembre 1981, « 7 sur 7 » est alors l'émission politique la plus regardée et la plus influente de cette fin de décennie et le restera jusqu'à son extinction, le 29 juin 1997. Ce programme, qu'elle va présenter en solo à compter de septembre 1987, lui vaudra un accès plus que privilégié – pratiquement sans égal – auprès des principaux dirigeants politiques français et de la planète. Il lui permettra de rencontrer longuement, méthodiquement, et toujours en tête à tête, les acteurs les plus puissants de l'époque.

Car, si « 7 sur 7 » ne mérita pas toujours les lauriers qu'on lui tressa, parce qu'incarnant souvent les ambiguïtés du microcosme politico-médiatique, cette émission offrit pour l'essentiel de très grands moments de télévision. Qu'il s'agisse de Jacques Delors annonçant son retrait à l'élection présidentielle de 1995. De Serge Gainsbourg brûlant face à Anne Sinclair, aux trois quarts, un billet de 500 francs dans le but de montrer aux Français ce que représentaient à ses yeux les 74 % que l'administration fiscale lui prélevait alors. Ou encore, de l'ancien roi du Maroc Hassan II, contraint d'évoquer pour la première fois, sous le feu roulant des questions d'une femme journaliste – une première dans le monde arabe – les ombres glacées de son régime : l'un des épisodes les plus épiques de sa vie professionnelle, qui la vit toiser le monarque et lui demander : « Trouvez-vous normal que votre ministre de l'Intérieur (Driss Basri, un dur du régime, assis non loin d'elle sur le plateau, qui la fusillait du regard), soit aussi votre ministre de l'Information ? C'est comme si Charles Pasqua, chez nous, cumulait ces deux fonctions ! » Hassan II lui jeta un air glacé…

Fouillant sa mémoire, elle évoque aussi le souvenir de Nicolas Sarkozy, dont elle fait la toute première grande interview télé, en 1992, alors qu'il est simple député de Neuilly, et Édouard Balladur, futur Premier ministre de François Mitterrand sous la cohabitation. Préparant l'émission, Nicolas Sarkozy lui a martelé, en pleine séance de maquillage : « Anne Sinclair, regardez-moi bien, vous m'entendez bien ! Je serai ministre ! Je ne sais pas de quoi, mais je serai ministre ! » Une telle certitude de soi... Près de vingt ans plus tard, l'anecdote continue de l'estomaquer.

Gorbatchev, Bill et Hillary Clinton, Sharon Stone, Madonna, Umberto Eco, le prince Charles, Gerhard Schroeder, Felipe González, Helmut Kohl... Quelque cinq cents personnalités de tous horizons composeront, semaine après semaine, un imposant bas-relief cathodique. Et un embryon de réseau planétaire construit par sédimentation pour celle dont le carnet d'adresses n'a rien à envier à celui, non moins impressionnant, de l'homme qui deviendra quelques années plus tard son mari et le ministre de l'Économie et des Finances de Lionel Jospin. Réunis, leurs deux carnets d'adresses constituent, de loin, le réseau d'influences le plus puissant de France.

C'est ainsi qu'il est souvent arrivé à Anne Sinclair de rencontrer, ces dernières années, au cours de voyages effectués à travers le monde en compagnie de DSK, devenu patron du FMI, des personnalités qu'elle a invitées par le passé sur le plateau de « 7 sur 7 ». À l'image de Bill Clinton. Lors d'une conférence à Yalta, où elle a tenu à accompagner son époux, l'ancien président américain lui est présenté. Mais alors que l'ancien locataire de la

Maison Blanche fait le tour de la table d'honneur du dîner de gala clôturant ce sommet, Anne Sinclair l'interpelle : « Monsieur le président, vous ne vous souvenez sans doute pas de moi, mais quand vous étiez à la *"White House"*, nous avions fait une interview pour une chaîne française, qui s'appelle TF1. Et, à cette époque, je portais le nom d'Anne Sinclair. » Et de se reprendre : « Mais je m'appelle toujours Anne Sinclair ! » Lui tapant sur l'épaule, Bill Clinton éclate de rire, avant de lui lancer, hilare : « Vous savez, un jour que j'étais dans l'Arkansas, où j'avais été battu, un type s'était approché de moi et m'a dit, votre nom c'est bien Bill Clinton ? »

Anne Sinclair, on l'a compris, jouit à TF1 d'une liberté quasi totale. Elle n'informe personne du choix de ses invités. Pas même Michèle Cotta, la directrice de l'information, qui ne connaît même pas son salaire ; l'identité des invités politiques d'Anne Sinclair lui est communiquée par son assistante, la veille de l'émission. *Idem* pour le P-DG de TF1, Patrick Le Lay, avec lequel elle entretint des rapports empreints de courtoisie, dans un premier temps, avant de se détériorer, dans un second temps, pour devenir éruptifs, sur la fin. Le Lay a beau grommeler ou tempêter, Anne Sinclair n'en fait qu'à sa tête : le court-circuitant le plus souvent, elle prend l'habitude de téléphoner directement à Francis Bouygues, et plus tard à son fils et successeur à la tête du groupe, Martin Bouygues.

Tempêtes à TF1

Regard fixe sur la table ou dans le ciel de ses yeux, l'index fiché sur la tempe, «PLL» lui balance, un jour, à travers la figure : «Vous êtes toquée! Vous nous prenez pour quoi avec votre Umberto Eco? Vous vous croyez sur une chaîne intello?» Même fureur, un autre jour, à propos de BHL qui vient de publier *La Pureté dangereuse*, un intellectuel de gauche et homme de réseaux dont le P-DG de TF1 se défie. Tout ce qu'il abhorre pour des raisons autant idéologiques que commerciales : «BHL, combien de divisions, combien de téléspectateurs?» Même préventions, mêmes acrimonies, enfin, lorsque le timonier de «La Une» tente de s'opposer, en vain, à la présence sur le plateau du centriste François Bayrou. Regardée comme une journaliste embrigadée, Anne Sinclair paie ses tropismes passés et sa proximité avec des cercles étrangers à la culture de TF1 et de ses dirigeants : une nébuleuse d'intellectuels proches du PS et stigmatisés. Il faut dire qu'à l'époque de ces incidents, siège à Matignon un homme qui a peu d'atomes crochus avec la journaliste : Jacques Chirac. Deux années plus tôt, en 1986, alors qu'elle coanime «Questions à domicile» avec Jean-Marie Colombani, elle doit essuyer les remarques acerbes de ce dernier. S'adressant à elle dans une colère froide, il lui dit : «Regardez donc un peu à droite, une fois n'est pas coutume. Et détendez-vous, caressez donc ce cheval Tang qui vous fera revenir à de meilleures dispositions.» Joignant le geste à la parole, il pose la main sur la précieuse statuette. Impassible, Anne Sinclair, ivre de rage, se momifie, silencieuse et figée. Sans un regard pour l'objet que Chirac lustre de sa main droite...

Mais l'éclat le plus terrible que doit essuyer Anne Sinclair a lieu en décembre 1995, lors de la mise en garde à vue de Martin Bouygues par le juge d'instruction lyonnais Philippe Courroye, dans le cadre de l'information judiciaire contre X ouverte à propos des comptes suisses de l'homme d'affaires Pierre Botton. Estimant qu'elle ne peut faire l'impasse sur cette information, la journaliste avertit Étienne Mougeotte de son intention d'évoquer la nouvelle le jour même, « sans pour autant en faire des kilos », lui promet-elle. L'émission achevée et ces quelques mots prononcés à l'antenne, face à son invité du jour – l'ancien président de la Commission des lois à l'Assemblée, Pierre Mazaud –, Anne Sinclair voit débouler Patrick Le Lay, tel un taureau dans le studio, où chacun se transforma en souris et les conversations en chuchotements : jupitérien, livide, le patron de TF1 l'invective en public, lui reprochant en hurlant son absence de solidarité avec le groupe qui l'emploie. Ce à quoi Anne Sinclair, flegmatique, lui répond qu'elle n'a fait que son devoir de journaliste.

De retour à son domicile, elle est accueillie par DSK, qui lui tend le combiné téléphonique : « C'est Le Lay », lui souffle-t-il, en levant les yeux au ciel. Tellurique, l'intéressé, qui n'avait pas baissé en température, poursuit sa charge, aux limites de l'apoplexie, de la goujaterie et du dérapage : « Vous voulez que je vous dise ce que vous avez de commun avec Paul Amar, ce marchand de tapis, ce... Vous voulez que je vous dise !» Un sous-entendu, une allégation, une syllabe de plus, et Anne Sinclair lui raccroche au nez.

«Haine Sinclair»

L'une des profondes et des plus radicales divergences qui opposa, de tout temps, Anne Sinclair à l'ensemble de la hiérarchie de TF1, cette fois-ci, concerne Le Pen et le Front national. Le FN, à ses yeux ? Une déviance de l'histoire, une infection, une gangrène. Jean-Marie Le Pen ? Le diable, le Mal, Léviathan, un homme politique qu'elle abomine, qu'elle pile et écartèle aux quatre coins de sa carrière.

Elle n'a jamais oublié, ni pardonné, sa toute première rencontre avec celui qui, en novembre 1988, l'accueillit dans sa maison de la Trinité-sur-Mer. Accompagnée de Jean-Marie Colombani, elle est venue l'interroger pour l'émission «Questions à domicile». Un piège. Trop heureux d'inscrire à son tableau de chasse une anti-fontriste affichée – qu'une presse d'extrême droite avait baptisée «Haine Sinclair» –, l'homme du «détail» passe à la torture celle qu'il vomit et dont il s'offre le luxe de la récupération. Ce n'est plus de la politique, mais un numéro d'humiliation, plus du journalisme mais une capitulation. Quelques semaines auparavant, un autre organe de presse du Front national l'avait baptisée «la pulpeuse charcutière casher ». Et voilà que le leader du FN lui tend maintenant un bol de cidre sur le pas de la porte de sa gentilhommière, sous les flashes des photographes d'un grand quotidien local convoqué pour l'occasion. Dans une main le breuvage, dans l'autre un tison : « Dites-moi, c'est vraiment votre vraie couleur de cheveux ? » achève-t-il en montrant de la main les boucles châtain d'une Anne Sinclair prise de nausées. L'exercice la lessive, cette rencontre la lamine. De ce jour, la journaliste s'est juré de ne plus jamais croiser les pas de celui qu'une foule de sympathisants, engourdis à force d'éloges, acclamait devant chez lui...

Cette posture anti-FN lui en a coûté. Car un très grand nombre de journalistes politiques, aux rangs desquels Michèle Cotta, à TF1, Alain Duhamel, à RTL, ou Jean-Pierre Elkabbach, à Europe 1, lui ont longtemps reproché cette intransigeance dogmatique aux limites de l'irrationnel. « Si je comprends bien, tu aurais invité Staline ou Hitler ! » lance-t-elle un jour à ce dernier. « Oui et sans hésitations », lui répond Jean-Pierre Elkabbach, qui invoque la responsabilité du journaliste, témoin de son temps. Lorsqu'il s'agit de trancher, un jour, cette question pour une édition de « L'Heure de vérité », sur Antenne 2, l'idée d'inviter Le Pen est tout simplement mise aux voix entre Alain Duhamel, François-Henri de Virieu (alors aux commandes de cette émission), Jean-Marie Colombani et le réalisateur de l'époque. Trois voix sur quatre se dégagent en faveur d'une participation du patron du FN à cette émission. Vingt-quatre ans ont passé et l'ancienne journaliste de « 7 sur 7 » n'a pas varié : le jugement de 1988 reste sans appel, la peine confirmée. À une nuance près, qui semble l'embarrasser quand elle évoque, face à nous, le nom de Marine Le Pen, cette responsable politique qu'elle pourrait volontiers interroger, dit-elle aujourd'hui, à l'inverse de son père qu'elle a rayé de ses tablettes et de sa mémoire. Une extrême droite en pente douce, auquel on pourrait tendre le micro, à défaut d'une main ? Une dirigeante politique, à qui Anne Sinclair serait capable de pardonner certaines des outrances ? Si elle continue de trouver le père indigne d'être interviewé, elle juge aujourd'hui la fille légèrement plus fréquentable.

Légèrement ? Anne Sinclair aimerait n'avoir aucun doute sur le sujet, mais son regard indécis témoigne de solides réserves : le jumelage de ces deux prénoms, Marine et Jean-Marie, qu'Anne Sinclair associe à d'inqualifiables dérapages, reste une réalité trop dure à avaler. Le FN reste un monde dont elle rejette toutes les tentatives de travestissement. C'est le visage défait qu'elle sortit d'une projection privée du film de Roselyne Bosch, *La Rafle*, à laquelle elle avait été invitée au printemps 2010, par Michel Drucker, aux côtés d'un Dominique Strauss-Kahn, également sous le choc...

Quant à l'ancien dirigeant du Front national, Jean-Marie Le Pen, qui n'a jamais oublié le couple, évoquant le sort new-yorkais de DSK, il expliquait le 18 mai 2011, à l'occasion d'un dîner à Paris, avec une poignée de militants du FN : « C'est toujours une bonne nouvelle de voir un voyou avec des menottes ! »

« Gaffe à toi, ma cocotte »

TF1 ne fut pas qu'une partie de plaisir pour Anne Sinclair. Elle eut ainsi à naviguer avec prudence face à une direction particulièrement chatouilleuse, dès lors qu'il s'agissait de politique. Mais elle dut faire preuve également de beaucoup de tact et de diplomatie dans certaines situations plus embarrassantes. Ainsi, dans des réunions de direction de la chaîne, siège l'épouse de DSK à l'époque, Brigitte Guillemette, laquelle occupe alors des fonctions au sein de la régie publicitaire de TF1. Siège également dans ce conclave Christine Ockrent, journaliste avec laquelle Anne Sinclair entretient des relations proches de la guerre froide. Notamment en raison du tropisme qu'elles partagent – la politique – et d'une émission – « Le Monde en face » –, qui a vu la « reine Christine » convier un jour sur son plateau, où défilaient le ban et l'arrière-ban, François Mitterrand : une annexion insupportable, synonyme de *casus belli*, pour celle qui se disait en elle-même que, le moment venu, elle irait pique-niquer sur les ruines d'une « reine », dont elle obtiendrait la tête !

Sinclair et Ockrent ? Au-delà des apparences, deux femmes à front renversé. Car la plus dure des deux n'est pas celle que l'on pense. La façade, d'abord : autant la première, Anne Sinclair, dégage de la douceur et de l'empathie, autant la seconde affiche un masque de fer. L'intérieur, ensuite : si « Madame DSK » a un cœur en titane et une volonté d'airain, la « reine Christine » est d'une vulnérabilité que beaucoup ignorent : un être parcheminé, toujours au bord de la rupture, à un doigt de l'étiolement. Un seul point commun les rassemble : un incroyable instinct de survie, doublé d'une non moins étonnante volonté de fer.

Mais Anne Sinclair n'est pas la seule à avoir pris cette rivale dans son viseur : Patrick Le Lay, lui aussi, a Christine Ockrent en ligne de mire. N'acceptant plus sa présence, principalement en raison des propos acerbes qu'elle tient dans Paris et ailleurs sur ses employeurs, « PLL » décide un matin de la limoger. Et à sa manière, c'est-à-dire sans ménagement. La scène est mémorable : croisant la journaliste au détour d'un ascenseur, le patron de TF1 lui lance : « Vous voyez la porte, là-bas, Christine, vous la prenez tout de suite et vous disparaissez ! — Que voulez-vous dire par là, Patrick ? », lui réplique l'intéressée, interloquée. « Qu'à compter de cet instant, vous n'appartenez plus à cette maison ! » La mine de papier mâché et le cœur gonflé d'humiliation, Christine Ockrent, à qui est retiré dans la foulée son badge d'accès et son portable, fait ses cartons et quitte l'entreprise le soir même. Apprenant la nouvelle de son éviction, Anne Sinclair ne dit mot, ne lui tira pas sa révérence. Mais sabla le champagne, mentalement…

Se doute-t-elle à cette date que son tour viendra un jour, avec la même brutalité ? Elle aurait pu le pressentir voyant, quelques années plus tard, en décembre 1992, ce qu'il advint de Michèle Cotta. Cette autre journaliste émérite, que François Mitterrand avait installée en 1982 à la tête de la Haute Autorité, signa son arrêt de mort pour avoir tenté de déboulonner de son piédestal Patrick Poivre d'Arvor. Elle qui occupe alors les fonctions de directrice de la rédaction décide un matin, à la demande de Patrick Le Lay et d'Étienne Mougeotte, de mettre à pied le journaliste en raison de son implication dans l'affaire Botton. Une fois la sanction annoncée à l'intéressé, elle monte au septième étage de la chaîne, où une réunion de direction l'attend. Et c'est Martin Bouygues, en personne, qui l'accueille et lui dit : «J'espère que vous n'avez pas touché à PPDA?» À cet instant, Michèle Cotta comprend que son sort est scellé. Elle quittera TF1 quelques mois plus tard, remplacée par Gérard Carreyrou. «Gaffe à toi, ma cocotte», lance-t-elle affectueusement avant de quitter la chaîne à celle qui, seule en première ligne, s'apprête à vivre des moments plus que difficiles.

7

Destins croisés

Il est des Saint-Sylvestre sans doute plus joyeuses. En ce jour de l'an 1990, Anne Sinclair divorce d'Ivan Levaï. Quelques mois plus tôt, elle a crevé l'abcès : il y a « quelqu'un » dans sa vie. La rumeur s'insinue dans le Tout-Paris, colportée notamment par les services des Renseignements généraux, qui lui prêtent, entre autres, une liaison avec le philosophe Alain Finkielkraut. Jusqu'au jour où on la croise en pleine lumière au bras de DSK, dans un hall de l'aéroport de Roissy...

« Trop belle pour moi ! »

Blessé, atteint, Ivan Levaï l'écoute avec jalousie et chagrin, mais sans rancunes. Elle ne s'étend pas sur son histoire, invoquant simplement les hasards de l'existence et, comme pour tout couple en pleine rupture, un passé qui ne lui convient plus.

Secoué, Ivan Levaï se fait une raison. Venu à elle au pas de charge, il rebrousse chemin à pas lents, car plus chargé qu'à aller : son sac, empli de souvenirs partagés, désormais conservés dans leur journal intime, pèse son poids. Il l'a vue grandir avec passion, l'observant dans les coursives d'Europe 1, d'abord, et à la télévision, ensuite. « Tu as vu mon émission ? » s'enquérait-elle. « Je n'ai vu que tes yeux », lui répondait-il. « Comment tu m'as trouvée, hier soir ? » questionnait-elle. « Le temps qu'on perd à te regarder, on ne t'écoute plus », lui répliquait-il. D'une robustesse de façade, Ivan Levaï la piste, des yeux et du cœur, comme s'il se trouvait derrière une glace sans tain.

Vingt et un ans plus tard, ce passé pieusement préservé n'affiche aucune péremption : l'une évoque l'autre, et inversement, avec affection et pudeur. L'histoire veut qu'Ivan Levaï, assailli de questions par des proches inquiets de le voir perdre pied après cette rupture, ait un jour lâché ces mots, en guise de seule explication : « Trop belle pour moi ! » Anne mérite le meilleur des hommes et ce n'est plus lui. Et parce qu'elle les attire comme des mouches, il la sait capable d'avoir pris dans ses filets un bel oiseleur sachant déchiffrer ses jardins secrets. DSK, qui rôdait alentour, vient de la lui ravir. Mais quand Ivan Levaï se remariera en juin 2001, cette page tournée et les souvenirs cicatrisés, Anne et Dominique seront de la noce, aux côtés de celui qui est resté, depuis, très proche du couple.

Ivan Levaï est ainsi l'un des premiers à s'être précipité sur son téléphone pour appeler en pleine nuit son ex-épouse et la mère de leurs fils, dévastée par l'annonce de l'arrestation de DSK à New York... Et c'est un homme défait que l'on verra venir témoigner de cette affaire sur France 2, le 6 juin 2011 : économie de mots, sobriété et force du propos, regard noyé, un bouleversant moment de télévision.

« Madame DSK »

Entre-temps, Dominique Strauss-Kahn a gravi de son côté et un à un les échelons. Élu député de Haute-Savoie, en 1986, mais confiné au sein du PS où son profil d'expert archilibéral ne passe pas, il déboule deux ans plus tard à Sarcelles, une ville dont il va faire son fief. Fort du soutien d'une communauté juive fortement implantée, il y décroche un second mandat, développe de premiers réseaux, apprend le métier de militant, bref, il se peaufine un profil et une stature. Pour arriver en politique, une seule recette : croire et dire très haut qu'on a du génie. Pour DSK, ça marche. Habile, rapide, enjôleur, véloce et assez souple d'échine et d'esprit pour accepter la soumission au parti, l'intéressé manie les chiffres et les statistiques, comme Giscard d'Estaing les questions de géopolitique, François Mitterrand la poésie ou la littérature et Jacques Chirac les arts africains, c'est-à-dire avec excellence. Et ce qui n'est alors que hiéroglyphes pour les têtes pensantes du PS, si peu branchées en matière économique, relève d'un cours élémentaire pour celui qui, plongé dans les grimoires et les alambics de l'économie de marché, se voit confier, successivement, les finances du parti, les études, puis le programme et, enfin, les dossiers roboratifs de l'économie et des finances.

Ainsi doté, le voilà propulsé sur une autoroute, soigneusement balisée par ses soins, qui l'amènera à endosser, en 1991, au sein du gouvernement d'Édith Cresson, son tout premier portefeuille ministériel, celui de l'Industrie et du Commerce extérieur.

L'ancien étudiant d'HEC à la repartie aiguisée, qui disait à 25 ans hésiter entre deux destins – «ministre ou prix Nobel d'économie» –, sort subitement de l'ombre. Les Français découvrent alors ce charmeur, que l'on dépeint brillant polyglotte, intime des principaux barons du CAC 40 et familier de l'establishment de la finance mondiale. Évidemment, il y a la nonchalance de sa démarche, cette rondeur de caractère que d'aucuns parmi les observateurs prennent pour du dilettantisme.

Évidemment, il y a cette absence de flair pour humer la réalité du quotidien de millions de Français, caractéristique qu'on met souvent en avant et qu'on lui reproche – «Il n'aime pas le terrain.» Maître de sa matière, l'économie, comme d'un univers, DSK préfère aux marchés dominicaux de son ancien fief de Sarcelles les réunions du G7, où il enchaîne les loopings avec une agilité intellectuelle qui déconcerte. Qui d'autre que lui aurait pu se permettre, en 1998, cette contrepèterie énoncée avec malice (et relevée, à l'époque, par le *Canard enchaîné*), en pleine crise asiatique : «Ce cas de Corée me turlupine»?

De ces pirouettes qui illuminent le visage d'Anne Sinclair. Ce jour-là, elle en éclate de rire. 1991 ne signe pas seulement l'entrée dans l'arène politique de l'économiste DSK, mais elle scelle une union. Le 14 novembre de cette année, Dominique Strauss-Kahn épouse Anne Sinclair. C'est l'aboutissement d'une passion tenue longtemps secrète. Le couronnement d'une liaison incandescente née d'une rencontre aux détours d'un sentier parisien. Et le début d'un long roman-photo démarré dans un rêve pailleté, pour s'achever vingt ans plus tard dans l'ordre monacal d'une geôle américaine.

La cérémonie de mariage eut lieu en petit comité à la mairie du 16e arrondissement, à Paris. Seulement une dizaine de personnes, le cercle le plus intime. Autour du couple, leurs différents témoins. Pour Anne Sinclair, la productrice de télévision Rachel Kahn, sa plus ancienne et fidèle amie, et Élisabeth Badinter, l'épouse de Robert Badinter, une confidente de toujours. Pour Dominique Strauss-Kahn, un futur Premier ministre, Lionel Jospin. Si DSK – dont les deux premières épouses étaient catholiques – est attaché à son identité, à ses racines, il reste profondément laïque : respectueux des rites qu'impose la religion juive, mais bien moins imprégné que ne l'est Anne.

La cérémonie achevée, ce petit groupe de proches, élargi à quelques rares amis conviés à se joindre à la fête, se retrouve au domicile des mariés, où un rabbin procède à la bénédiction. C'est ce même petit cercle d'intimes qui se portera immédiatement au secours d'Anne

Sinclair, le jour où DSK prendra un chemin de traverse, avant de plonger dans un trou noir du côté de Manhattan. Robert Badinter, Rachel Kahn, Lionel Jospin, Jean Frydman, Jean Veil... Ce petit cercle forme une phalange d'amis fidèles, qui, telle une digue, la protègent depuis toujours des embruns de la vie et son lot de rumeurs, empêchant qu'elles arrivent jusqu'à elle.

Même quand, avec le ressac, elles parviennent à franchir la crête de certains sites internet et de journaux, que ses proches lui interdisent alors d'ouvrir ou de lire.

« Monsieur Sinclair »

« On peut dire que je suis né avec elle. » Cette remarque, que l'on retrouve fréquemment dans la bouche de DSK, a souvent sonné comme une formule toute faite. Une phrase à double usage. Elle traduit, en premier lieu, l'addiction d'un homme pour celle qui l'amène à jeter l'ancre après des années de cabotages amoureux. Elle révèle ensuite l'éclosion d'un responsable politique ambitieux à qui cette jeune épouse, à l'entregent étonnant, entrouvre les portes les plus fermées : celles de cercles et de cénacles parmi les plus courus de la République, qui viennent s'ajouter aux embryons de réseaux que DSK a commencé à se constituer dans les allées de la finance ou du CAC 40.

À cette époque, M. et Mme Sinclair côtoient, à Neuilly, les Sarkozy, les Riboud, les Jospin, les Rocard, le couple

Jean et Simone Veil, ainsi qu'une palette de patrons, comme Jean-René Fourtou (Saint-Gobain) Jean-Yves Naouri et Maurice Lévy (Publicis), ou encore Paul Hermelin (Capgemini), Denis Kessler et Serge Tchuruk (Alcatel). Un aréopage de dirigeants dont la liste va considérablement s'étoffer, pour embrasser d'abord une brochette de grands patrons « roses » – à commencer par Jean Gandois et Antoine Riboud, les charismatiques P-DG de Pechiney et de BSN –, et ensuite l'ensemble du *Who's Who* de l'économie et de la haute finance, quand DSK prendra les rênes de Bercy.

Viendront plus tard, avec les années, d'autres patrons, d'autres dirigeants politiques, d'autres amis, que le couple agrégera comme par sédimentations successives : au total, l'un des plus beaux carnets d'adresses de l'establishment international. Un calepin devenu bottin, quand DSK prend les rênes du FMI et parcourt le monde. Ayant rang de chef d'État, il a son rond de serviette à la table des puissances de la planète. Et personne ne s'étonne de le voir se lier d'amitié avec le conseiller économique de Barack Obama, Larry Summers, ou taper dans le dos du secrétaire général du Trésor américain, Timothy Geithner. Tous des amis. À DSK, la crème de Washington et de Wall Street.

À Anne Sinclair, une constellation de figures bigarrées du monde intellectuel, des arts, du journalisme ou de la jet-set, où s'entremêlent des noms aussi divers que Bernard-Henri Lévy, Robert et Élisabeth Badinter, Elie Wiesel, l'ancien ambassadeur d'Israël, en France, Elie

Barnaby, Pierre Arditi, Michel Field, ou encore Jean-Claude Brialy, Patrick Bruel et Alain Minc.

«Monsieur Sinclair». Si le Tout-Paris s'amuse volontiers de ce patronyme, dont on l'affuble au tout début des années quatre-vingt-dix, c'est que son épouse, Anne, est bien plus qu'un œillet à sa boutonnière : elle est une carte de visite, sa préceptrice, son premier viatique. Au firmament, la journaliste, à qui les Français vouent une forme de culte cathodique, joue les sésames pour celui qu'elle introduit dans différents sanctuaires, parmi les plus huppés et les plus claquemurés de la capitale. Ainsi du Siècle, de la fondation Saint-Simon ou du club Vauban, où DSK soliloque devant des parterres composés de dirigeants d'entreprise, d'intellectuels et de responsables politiques qui le découvrent.

Mais il y a également en pourboire d'autres lieux plus «festifs», où elle l'entraîne, comme le Festival de Cannes et les tentes VIP de Roland-Garros, là où le couple tient ses quartiers de printemps. À chacun ses tréteaux : ne voulant pas être en reste, DSK créera quelques années plus tard, avec Maurice Lévy, son propre cénacle, le Cercle de l'industrie : un *think tank* à la française où glose le gratin du CAC 40 et dont DSK est cette fois-ci la puissance invitante.

Le 22 juin 2009, le couple Sinclair–Strauss-Kahn a l'occasion de mesurer l'étendue de ses réseaux. Deux mois après la date de son anniversaire (le 25 avril), DSK réunit autour de lui, dans un restaurant des Buttes-Chaumont, tout ce qui compte dans leur galaxie. Bien plus que la simple célébration de ses 60 ans, c'est une garden-party en forme d'hommage rendu à celui dont l'apparition aux côtés de son épouse est accompagnée d'un extrait de la musique du *Parrain*. Un clin d'œil un brin déplacé mais qui fait s'éclater de rire l'intéressé, qu'une assistance fournie – toute une famille, tout un clan –, regarde avec dévotion.

Puis on se bouscule autour des buffets. Sa garde rapprochée, d'abord. Ceux-là mêmes qui sont à la manœuvre à Paris, en liaison avec Anne Sinclair, à New York, depuis maintenant plus de deux mois, pour sauver le soldat DSK. Ses principaux conseillers en communication : le patron d'Euro RSCG, Stéphane Fouks, son pompier de service et premier démineur, confident de la première heure, Ramzy Khiroun, ainsi que l'attachée de presse d'Anne Sinclair, autre fidèle dévouée corps et âme, Anne Hommel. Sont également présents un important contingent de strauss-kahniens de toujours, le noyau dur des élus, au premier rang desquels le centurion Jean-Christophe Cambadélis. Il y a enfin une pléiade de personnalités diverses, toutes membres du premier cercle. Celles-là mêmes citées plus haut, qu'entourent quelques journalistes amis, tels Jean-François Kahn et sa femme, Rachel Kahn, l'amie d'enfance d'Anne Sinclair, et l'Algérois Jean-Pierre Elkabbach.

Le clan familial

Anne Sinclair en société ? 1,67 mètre d'irradiation. Bien plus qu'une célébrité de cénacle, un festival de maintien, un concentré de charme et de présence, de spiritualité et d'attention aux autres. Une chef de famille aussi, qui veille sur cette tribu recomposée, fruit de cinq mariages au total, avec la vigilance qui sied au chef de meute. Dès que l'occasion s'en présente – un anniversaire, une naissance ou des vacances –, elle bat le rappel et organise, de Paris à Marrakech, sous les jardins et les colonnades de leur riad, des réunions de famille dont elle est l'épicentre. Ces retrouvailles sont aussi l'occasion de raffermir les liens entre les membres d'une famille qui fait bloc, quand surgit un problème ou qu'un drame affleure, ce qu'il s'est produit par éclipses tout au long de ces vingt dernières années.

Chaque coup dur est ainsi synonyme de conclaves familiaux, où se ressoudent des liens distendus par les distances qui séparent les uns des autres. Anne Sinclair, dans ces moments de crise aiguë, où tout bascule et devient vertige, se réfugie dans les replis d'un cocon transformé en donjon. Dès lors que tombe, à l'extérieur de l'enceinte familiale, une grêle de mauvaises nouvelles, le clan resserre les rangs, abaisse les herses, et redevient le plus beau des refuges. Et Anne Sinclair, une *donna* farouche, chef de meute, qui refuse tous les mouchoirs et prépare le front.

Si elle s'est effondrée dans les bras de ses proches, à Paris, ce fameux soir de mai 2011, une fois débarquée à New York, elle se ressaisit immédiatement. Confrontée à l'urgence, elle remise ses larmes et prend le mors aux dents. Reste le spectacle d'un visage voilé par la douleur, qu'elle ne dissimule pas pour autant aux journalistes et aux photographes : trop fière pour ne pas l'être au moment où elle veut qu'on sache que, bien que brisée par l'annonce de la chute de DSK, elle est toujours là, et debout.

Quelques jours avant que n'éclate ce drame, Anne Sinclair, qui est de passage à Paris, s'apprête à devenir grand-mère, on l'a dit. Un événement qui sera une nouvelle occasion de rameuter sa diaspora. Dominique Strauss-Kahn sera de la fête, avant un départ pour Agadir où ils iront passer quelques jours tous les deux pour se détendre et penser à tout autre chose. À ces jours décisifs qui les attendent à Paris, où les primaires du PS prennent inexorablement des allures de plébiscite. Un horizon qui prend la forme d'un pont d'Arcole pour celui dont elle a méthodiquement balisé l'ascension depuis des années. Campée aux avant-postes, elle se veut omniprésente depuis plusieurs mois, sur les plateaux télé et dans les médias en général, où elle aligne arguments et prises de position, comme autant de cailloux soigneusement déposés. Une ligne de signaux subliminaux, disséminés ici et là, comme pour mieux indiquer le chemin à l'intention de ceux qui douteraient encore de la candidature de DSK à l'élection présidentielle. Assermentée au destin de celui dont elle a épousé les pas, dès leur toute première rencontre, et convaincue que cette fois-ci est la bonne, elle se jure d'aller jusqu'au bout. Quoi qu'il advienne...

1991 est ainsi une année faste. DSK a épousé la journaliste la plus courtisée de France et il obtient ses premiers galons de ministre. L'année suivante, il conserve son portefeuille dans le nouveau gouvernement de Pierre Bérégovoy et prépare la bataille des législatives qui s'annoncent. Une Bérézina pour la gauche, qui ne compte plus alors que cinquante-quatre députés à l'Assemblée nationale. DSK n'échappe pas à la tornade et perd son siège au Palais-Bourbon, après que Jacques Chirac lui a envoyé l'un de ses voltigeurs, ce boutefeu de Pierre Lellouche, qu'il a chargé d'étriller le « sabra » socialiste de Sarcelles. On verra l'intéressé utiliser la grosse artillerie, jusqu'à s'en prendre à Anne Sinclair, que l'on aperçoit alors, régulièrement, au bras de son époux dans les dîners en ville. Lellouche fustige celle dont il dénonce les « partis pris » et la présence à la tête du magazine « 7 sur 7 », cette émission devenue à ses yeux « une tribune pour M. et Mme Strauss-Kahn ! » peste-t-il dans les médias.

Sur le plan politique, la déculottée annoncée se produit, et DSK, qui a également perdu son maroquin de ministre, entame une traversée du désert qui va durer jusqu'en 1997. Une éclipse de quatre années qui n'a rien d'un bagne, bien au contraire. DSK, qui s'est inscrit au barreau de Paris, rentre dans le club très fermé des avocats d'affaires de renom. Il y dévore des parpaings de dossiers, collectionne quelques-unes des plus belles affaires du moment et pratique des honoraires à proportion, parmi les plus matelassés de la place.

C'est l'époque où l'ancien étudiant d'HEC découvre le confort et la puissance de l'argent. L'époque, aussi, où Dominique Strauss-Kahn et Anne Sinclair voient leurs destins se bousculer et s'inverser. Car, si le premier entame sa conquête du pouvoir, avec une ville, un siège de député et un nouveau et grand ministère dans sa besace, la seconde se prépare des jours plus sombres.

La dernière de « 7 sur 7 »

Bercy : plus qu'un imposant bâtiment dans lequel DSK s'installe à l'automne 1997, ce ministère devient le lieu où celui-ci va prendre toute sa mesure et une stature. L'homme rayonne et, tandis que les milieux de la finance lui déroulent le tapis rouge, à quelques encablures de ses bureaux donnant sur la Seine, dans les étages de TF1, à Boulogne-Billancourt, un psychodrame se déroule...

Car Anne Sinclair n'attend pas longtemps pour tirer les enseignements d'une nomination qui risque de devenir très vite ingérable, à ses yeux, au poste qu'elle occupe. Dominique Strauss-Kahn s'installe un 5 juillet à Bercy. Quelques jours avant, Anne Sinclair a rendu visite au tandem dirigeant de la chaîne, Patrick Le Lay et Étienne Mougeotte, afin de leur annoncer sa ferme intention d'arrêter « 7 sur 7 ». Face au tandem timonier de TF1, elle évoque l'incompatibilité, rédhibitoire à ses yeux, entre les fonctions d'un époux devenu le numéro deux du gouvernement de Lionel Jospin et sa tribune hebdomadaire qu'elle occupe à l'antenne, où défile chaque semaine ou presque le gratin de la politique.

Quatorze ans plus tard, la journaliste ne regrette pas ce geste, qui lui valut de se faire épingler, en son temps, par Christine Ockrent. Interrogée par *Le Monde*, Anne Sinclair considère en effet, à l'époque, qu'on ne peut pas être à la fois journaliste politique en place sur une chaîne aussi puissante que TF1 et l'épouse d'un ministre aussi exposé que l'est DSK. Et d'ajouter que, puisqu'elle ne fait pas les mêmes émissions que Christine Ockrent – sous-entendu, pas du même niveau, ni du même tonneau –, on ne peut pas comparer sa situation avec celle de sa chère consœur. Tout comme on ne peut pas sérieusement mettre en parallèle, termine-t-elle, un tison dans la manche, le statut politique de son mari et celui de Bernard Kouchner, cette cinquième roue du carrosse d'un gouvernement dont Dominique est l'indiscutable icône !

La « reine Christine », qui officie alors sur France 3, apprécie modérément la sortie de sa rivale et s'offre une réponse à la mesure de son exécution : d'une plume vacharde, Ockrent qualifie d'« antiféministe » la posture d'Anne Sinclair, dont elle s'empresse de souligner, au passage, le penchant particulier pour... les tâches ménagères : ne vient-elle pas de sacrifier sa carrière pour rejoindre ses fourneaux et sa cuisine, persifle celle qui renvoie brutalement Sinclair dans ses cordes. Ambiance.

Ce que ne dit pas Anne Sinclair, à l'époque, c'est que son émission bat de l'aile. Aux alentours de 25 % de parts de marché, depuis quelques mois – ce qui constituerait tout de même aujourd'hui un chiffre d'audience record pour TF1 –, elle a peu à peu perdu de son lustre et de sa puissance. Et son arrêt, bien que décidé par sa présentatrice, permet surtout d'anticiper une érosion inévitable et d'éventuelles déconvenues futures.

La toute dernière édition de « 7 sur 7 » reste gravée dans les annales. Tout est orchestré, en effet, pour que ce baisser de rideau se fasse avec les honneurs dus à celle qui tire malgré tout sa révérence la mort dans l'âme.

Il ne sera pas dit que l'épouse du ministre de l'Économie et des Finances, dont une grande partie de l'avenir de TF1 dépend, quittera son trône en catimini, par la petite porte. Robert Namias, alors directeur de l'information de TF1, s'exécute avec élégance dans le rôle du thuriféraire et interroge en direct Anne Sinclair, qui revient de long en large sur ses différents faits d'armes, tous immaculés : les « flamboyantes années "7 sur 7" ». S'ensuit la rediffusion d'une suite d'interviews-événements en forme de bas-relief, dont « Madame DSK » – et non plus Anne Sinclair à cet instant – fait elle-même l'éloge et les sous-titres. Culottée. En régie, ce fameux 6 juillet 1997, l'ensemble de l'état-major de la chaîne s'est réuni, pour assister en silence à ce numéro d'introspection cathodique assez inédit. Une autocélébration quelque peu surréaliste, suivie d'autant plus attentivement par les dirigeants de TF1 au grand complet que Dominique Strauss-Kahn a fait spécialement le déplacement.

Accompagné d'une équipe de *Paris Match*, dépêchée pour l'occasion par Jean-Luc Lagardère lui-même – fervent soutien du ministre socialiste –, le ministre de l'Économie et des Finances suit le moindre des faits et gestes de son épouse. Exhumé quatorze ans plus tard des archives, le reportage hagiographique de cet hebdomadaire à grand tirage consacré au départ d'Anne Sinclair de « 7 sur 7 » reste un sommet du genre. Sous une photo montrant le couple Sinclair–Strauss-Kahn tendrement enlacé, au terme de cette dernière émission, on peut lire ces quelques lignes : « Depuis sa rencontre avec Dominique, Anne répète qu'il y a autre chose dans la vie que les salons des ministères et les caméras de télévision. Au moment de l'épreuve, elle est restée le plus fidèle soutien de cet homme qui l'appelle quatre fois par jour, mais qui en septembre dernier rejetait l'idée d'une existence moins active en invoquant sa volonté de dynamiser l'économie française. Et de poursuivre : "En plus, Anne n'apprécierait pas que je passe mes journées à la regarder avec dévotion". »

Tout est dit dans cet entrefilet sirupeux, dans ces lignes d'où émergent quelques mots maintes fois lus et entendus depuis à leurs propos et dans bien d'autres circonstances : « épreuve », « fidèle soutien », « dévotion »… Ce sont là les principaux marqueurs d'un couple en équilibre toujours instable, aujourd'hui rendu au néant, et à qui la vie n'a cessé de dispenser bonheur et saccages mêlés. Cette vie qu'Anne Sinclair voulait filtrée de toutes tensions et de tous malheurs, mais qui n'a jamais cessé d'alterner la glace et le feu, le chaud et le froid.

Psychodrame à TF1

La page « 7 sur 7 » tournée, Anne Sinclair se voit proposer de développer pour TF1 – parallèlement à un petit
magazine de milieu de soirée, qui passera assez vite à
la trappe, faute d'audience – un nouveau secteur dont
on murmure qu'il est prometteur : Internet. Ça semble
sérieux, c'est né en Amérique, explique à l'époque, docte-
ment, Patrick Le Lay, le front barré, et les plus optimistes
affirment même que cette technologie, éprouvée dans
la Silicon Valley par des laborantins de génie, pourrait
bien enterrer à terme notre Minitel...

Ainsi est créé e-TF1, la branche internet d'une chaîne
dont Anne Sinclair prend alors les rênes à reculons. C'est
en effet sans grand enthousiasme que cette star déchue,
condamnée à un exil doré, rejoint une toute jeune filiale
regardée alors comme un laboratoire dispendieux :
la danseuse du groupe TF1. « Je n'étais pas très épanouie,
pas très heureuse de faire des entretiens d'embauche,
d'organiser les plannings des vacances et de valider des
augmentations de salaires, quand, à quelques pas de là,
sur les plateaux de TF1, se commentait une actualité qui
continuait naturellement de me passionner. J'avais le
sentiment de m'étioler », nous confie celle qui dit n'avoir
jamais été faite pour « jouer les chefs ». Organiser le
destin politique d'un homme, driver, bride courte, une
famille dont elle est la régente, deux fois oui ! Mais tenir
les livres de caisse d'une Supérette des médias, avec des
emplois du temps roboratifs, quand on a trôné en tête

de gondole au sein de la toute première chaîne de télévision en Europe, non !

L'expérience va pourtant durer presque trois années. Une période qui verra certes l'activité internet de TF1 prendre peu à peu forme, mais sa responsable y dépérir. N'en pouvant plus, Anne Sinclair finit par demander, un matin de janvier 2000, à Étienne Mougeotte de la décharger de cette tâche et de la remettre à l'antenne. Elle supplie qu'on lui confie une niche, un refuge troglodyte dans la grille de TF1. N'importe quoi, plutôt que ce mouroir !

Apprenant la nouvelle, Patrick Le Lay rentre dans l'une de ses fureurs dont il est coutumier. N'acceptant pas qu'Anne Sinclair ait pu prendre, seule, une telle initiative sans lui en parler au préalable, le P-DG de TF1 lui passe un savon mémorable.

Cet incident est le dernier qui les opposa. Car à peine Anne Sinclair a-t-elle tourné les talons que Patrick Le Lay la raye de ses tablettes. Le moment choisi par le P-DG de TF1 n'est pas un hasard : l'arme de dissuasion qu'incarnait DSK, empereur de Bercy, appartient au passé, l'époux de la journaliste autrefois la plus puissante de France n'est plus ministre depuis le mois de novembre 1998.

En effet, balayé par l'affaire de la Mnef, DSK est contraint à la démission, laissant Anne Sinclair à découvert, désormais sans bouclier face aux snipers de «La Une». Privée de cette protection, que symbolisait jusqu'alors l'imposant portefeuille ministériel d'un époux au rancard, démonétisé, Anne Sinclair se sait en sursis. C'est la rançon d'un pouvoir qu'elle a exercé des années durant ; désormais seule face aux responsables d'une chaîne de télévision qui fonctionnent alors sur de simples ressorts politiques, elle se prépare à un retour de bâton.

Ce qui ne manque pas de se produire. Et les choses vont très vite. Mise sous pression, Anne Sinclair décide dans un premier temps de se faire porter pâle. Son absence du comité de direction durant des mois achève de détériorer le climat et la carrière affectée de son époux, sans véritable activité, sinon militante, ne fait qu'aggraver sa marginalisation au sein de l'entreprise. Dernière source d'agacement à TF1 : des rumeurs insistantes qui laissent entendre qu'elle pourrait bien aller présenter sous peu le journal de 20 heures de France 2, où son amie Michèle Cotta a pris d'importantes fonctions...

La suite est on ne peut plus classique. De premiers échanges d'e-mails, par avocats interposés, donnent le ton de ce qu'il va se produire. « Dehors et pas un centime ! » C'est Patrick Le Lay, alors en voyage à Londres, qui ordonne un matin son limogeage express. Message reçu pour un certain Nonce Paolini – le DRH de la TF1 à l'époque, devenu depuis P-DG de l'entreprise –, qui exécute, le terme n'est pas trop fort, celle dont la destitution fut pour le moins expéditive.

« Je te demande de me rendre ton badge, ton portable et cette après-midi, tu n'es plus là ! » lui lance ainsi Paolini un jeudi matin. Abasourdie, Anne Sinclair serre les dents et lâche devant son interlocuteur, devenu livide : « Mais si je comprends bien, vu la manière, ça s'appelle avoir volé

dans la caisse ce que tu me reproches ici ! » La journaliste, qui tente de joindre depuis le matin, en vain, Martin
Bouygues, désormais aux abonnés absents – « Dire que
nous dînions avec lui et son épouse, Dominique et moi,
quand il avait besoin de nous… » –, fait ses cartons et ses
adieux dans la soirée.

Sur le plan de la communication, ce départ précipité donne lieu à un chassé-croisé de communiqués,
chacun se renvoyant la responsabilité de la décision. Anne
Sinclair ouvre le feu en fin d'après-midi, exprimant à
travers une dizaine de lignes sa « déception profonde » :
« Alors que j'étais en discussion sur l'évolution de ma
carrière dans le groupe TF1, Patrick Le Lay a décidé, ce
jour, de mettre fin unilatéralement à l'ensemble de mes
fonctions. » La réponse du berger de TF1 ne se fait pas
attendre : « Mme Sinclair a décidé, pour des raisons qui
lui sont personnelles, de ne plus assurer ses fonctions
de vice-présidente de la filiale internet du groupe. » Et
la chaîne d'exprimer même un « regret » face à la décision de l'ancienne journaliste, dont elle « a pris acte ». Les
dernières discussions d'Anne Sinclair avec cette chaîne
se limitent au montant de ses indemnités.

Et c'est passablement agacés que les dirigeants de TF1,
condamnés devant les prud'hommes, doivent verser à
Anne Sinclair la somme d'1,86 million d'euros, « un
pécule qui m'a permis d'acheter notre riad de Marrakech »,
confie-t-elle il y a quelques mois. Depuis cet épisode
traumatique, les choses se sont apaisées entre l'ancienne
journaliste de TF1 et son équarrisseur. Anne Sinclair

et Patrick Le Lay – «qui ne s'est jamais excusé», tient-elle à préciser – s'embrassent comme du bon pain dès qu'ils se croisent dans Paris. Ce qui n'a pas été le cas durant de très longues années, après son éviction de la chaîne. C'est seulement lors d'un cocktail organisé à TF1, au soir du référendum sur l'Europe, qu'elle revoit le P-DG pour la première fois. «Oh, Anne!» s'exclame ce dernier, avant de la prendre dans ses bras. Accompagnée de DSK, celle-ci toise son ancien patron avant de lui lâcher : «Vous devez être sacrément content que ce soit le Non qui l'ait emporté pour me faire la bise comme cela!» Les remugles de profonds désaccords politiques entre un souverainiste convaincu, d'un côté, et une Européenne farouche, de l'autre...

Une vestale inoxydable

Le départ d'Anne Sinclair de TF1, aussi mal vécu soit-il, la voit exprimer sa véritable nature. Le choc à peine digéré, elle redresse la tête et fait passer le message autour d'elle, se refusant le moindre état d'âme : elle souhaite qu'on lui épargne les gestes de commisération. Tous ceux qui la côtoient à l'époque sont stupéfaits par sa maîtrise d'elle-même et cette rage intérieure, qui lui interdit de s'apitoyer : une posture haïssable pour celle qui révoque toute idée de démission intérieure.

Ceux qui ont assisté l'année précédente, le 2 novembre 1999 exactement, au départ mouvementé de Dominique

Strauss-Kahn de Bercy, exfiltré de son ministère par Lionel Jospin, en pleine affaire de la Mnef, ne retiennent qu'une seule chose, ne voient qu'une seule image : la présence, hiératique, à ses côtés, de celle sur le visage de laquelle se lit toute la gamme des sentiments les plus durs.

Installée non loin de son époux, elle vrille son regard grave dans le sien, ne lâchant pas d'un cil l'homme de sa vie, qui prononce alors face à l'ensemble de son cabinet et devant une forêt de micros un discours de circonstance.

Cette brève cérémonie d'adieu achevée, Anne Sinclair prend ostensiblement DSK par la taille et s'achemine en procession vers la sortie, le tout sous l'œil des caméras.

Un visiteur de passage, étranger à la vie politique de ce pays, aurait été incapable de dire qui, de cet homme à la démarche chaloupé et au front lourd ou de cette femme au port altier, à qui ne manque qu'une jugulaire, visiblement prête à en découdre avec la terre entière, était la vedette du jour... D'aucuns en témoignent encore aujourd'hui : cette première et terrible « épreuve », qu'ils eurent à partager ensemble, voit Anne Sinclair faire bloc aux côtés de celui dont elle jure alors de défendre l'honneur.

À l'époque, *Paris Match* l'évoque d'ailleurs dans l'un de ses numéros consacrés à l'événement : la veille de cette cérémonie d'adieu, Anne Sinclair aurait confié à sa belle-fille : «Lorsque l'on vit à deux, on vit en symbiose. Le mal qu'on lui fait, on me le fait à moi. Je suis prête à rugir, à griffer pour me battre à ses côtés. » D'autres témoins – familiers du couple et amis proches – attestent cette volonté farouche qui l'anime à l'époque, déjà : jamais on ne touchera un cheveu de celui qui sera lavé, tôt ou tard, de tous soupçons, jure-t-elle alors à celles et ceux qui s'inquiètent une nouvelle fois de la voir sombrer...

Dans la propension d'Anne Sinclair à la résistance et au combat, beaucoup autour d'elle voient la manifestation d'une volonté altière. Et rien, chez elle, dans ces moments-là, n'est lancé au hasard. Ni le ton abrasif qu'elle utilise, à l'époque de cette affaire, pour évoquer le labyrinthe judiciaire dans lequel DSK est alors entraîné, pour calligraphier ce qu'elle ressent et exprimer une colère non feinte, ni le mode sarcastique qu'elle emploie aussi pour dédramatiser et moquer amèrement ceux qui prennent soudainement leurs distances, effrayés par l'odeur du scandale, «le courage des lâches... », dit-elle.

«Mais tout se paie», professe celle qui dit pourtant ignorer le ressentiment, mais qui précise aussi, dans la foulée, ne jamais rien oublier. Le moment venu, elle soldera les comptes. Cette tendance à ne rien pardonner est devenue instinctive, presque une seconde nature, chez celle qui va le démontrer, en faisant savoir à Lionel Jospin ce qu'il en coûte de toucher à Dominique...

Car Anne Sinclair ne comprend pas ce qui a pu pousser ce fidèle des années de ressac à rompre ainsi les amarres, cet ami, témoin de mariage de DSK, à sacrifier celui dont il vantait les qualités, il n'y a pas si longtemps encore. Entre Jospin le psychorigide et Strauss-Kahn le faux dilettante, il y a un gouffre. Mais le premier ne cessait pourtant de dire toute l'admiration qu'il portait au second. Tout le bien qu'il pensait de celui dont il s'attardait à détailler, déconcerté, les attitudes : cette capacité à disserter des heures entières, sans notes, par exemple, devant des assemblées conquises ; sa mémoire « scandaleuse », en forme de logiciel, d'où il pouvait régurgiter, à un rythme de métronome, des mégaoctets de statistiques, laissant pantois ses collaborateurs. Sans parler de ces comités interministériels où, entre deux interventions de haute voltige, il terminait une partie d'échecs entamée sur son portable... Des anecdotes qui, bien que connues d'Anne Sinclair, ne cessaient de la surprendre. Le seul fait que Jospin en soit quelque part un peu « baba » la faisait bicher.

Mais c'est au nom d'une sorte de pragmatisme, d'un principe de précaution fréquemment invoqué en politique quand il y a le feu, que Lionel Jospin décide de sacrifier cet ami. Rien de mieux pour cabrer Anne Sinclair qui, malgré les tentatives de DSK pour l'en dissuader, prend le sabre. En l'occurrence, sa plus belle plume, qu'elle trempe dans un bain d'acide. Personne, hormis Dominique Strauss-Kahn, n'a pu lire les quelques lignes au vitriol qu'elle adresse à l'ancien Premier ministre, mais chacun comprend, dans l'entourage de l'ancien locataire de Bercy, que l'ogive en question n'appelle aucune réponse de sa part. Barré ainsi à vie, Lionel Jospin ne reçoit aucun bristol pour le soixantième anniversaire de DSK. Et pas le moindre message ou signe de vie, quand ce dernier s'installe à Washington, à la tête du FMI.

8

Une histoire de famille

A nne Sinclair a toujours fait preuve de pragmatisme
et d'une grande clairvoyance dans la gestion d'une
fortune, que beaucoup qualifient d'imposante. L'épouse
de DSK est la gardienne d'un patrimoine dont on savait
peu de choses jusqu'à ce jour.

DSK « bling-bling »

« Anne Sinclair est une femme si riche qu'il lui suffit de
décrocher et de vendre un seul petit tableau de sa collection pour financer plusieurs campagnes électorales de son
mari. » Cette petite phrase qui court et se répète comme
une mauvaise rengaine dans le microcosme parisien a
longtemps alimenté tous les fantasmes autour de la fortune
de l'ex-star de TF1. S'il s'était déclaré à la présidentielle,
nul doute que la fortune de sa femme aurait été l'un des
talons d'Achille de DSK. Certains pronostiquaient même

que «ce problème» aurait empoisonné la campagne de celui qui, au printemps 2011 eut la malencontreuse idée de se faire surprendre par un photographe en train de s'affaler sur la banquette d'une Porsche dont le conducteur était Ramzy Khiroun. On trouve meilleur symbole dans les rangs du PS...

Largement attaqué sur son côté «bling-bling» par la gauche, Sarkozy se délectait à l'avance à l'idée de renvoyer l'ascenseur aux socialistes en pointant du doigt le fabuleux train de vie des Strauss-Kahn. Il tenait, pensait-il, enfin sa revanche sur cette gauche caviar honnie, dont il ne manquait jamais, en privé, de souligner l'arrogance et la suffisance.

Comment le «peuple de gauche» allait-il percevoir cet étalage de richesse? Et comment le PS, parti «qui n'aime pas les riches», selon la célèbre formule de François Hollande, pourrait-il s'accommoder d'un candidat vivant avec une cuillère en or dans la bouche et déconnecté depuis tant d'années de la vie quotidienne des Français? Plus que les rumeurs sur une vie privée largement commentée, Nicolas Sarkozy était convaincu que c'était surtout les révélations concernant l'étendue de la richesse de son épouse qui plomberaient, le moment venu, la campagne de son challenger. «À côté de lui, je suis un smicard», ironisait Sarkozy. Après avoir été son atout et son principal soutien dans l'ascension flamboyante de Dominique Strauss-Kahn, après avoir été à la fois sa canne blanche et une attelle, Anne Sinclair serait-elle son handicap? On ne le saura jamais.

Bien sûr, nul n'imaginait alors que cette même fortune deviendrait une manne providentielle et viendrait une nouvelle fois au secours de DSK pour l'aider, cette fois, à sortir de prison et à financer sa défense dans ce qu'il est désormais convenu d'appeler «le scandale DSK». Car, dans cette affaire, c'est bien Anne Sinclair qui offre toutes les garanties financières pour que la justice américaine accepte de desserrer l'étau autour de l'ex-patron du FMI. Elle est la garante de la caution de 5 millions de dollars exigée par le juge de la Cour suprême, Michael Obus, lors de l'audience du 19 mai; elle finance le logement où est désormais assigné à résidence son mari, paie probablement ses avocats, le garde du corps, les frais de surveillance... À gauche, il n'existe plus de mots assez doux pour louer le dévouement et l'amour d'une femme, mystique de l'espoir, riche et humiliée à proportion. Comme si cet argent utilisé désormais pour laver l'honneur de DSK était devenu soudain plus respectable. Même si une certaine gêne devant un tel déploiement de richesse devient chaque jour perceptible chez certains des caciques du PS.

Lucide, Anne Sinclair sait que sa fortune pose un problème et sera la cible de toutes les attaques. Le dossier est à ce point sensible que l'ex-journaliste de TF1, poussée par les conseillers de son époux, envisage d'écrire un livre, sur sa famille et plus particulièrement sur son grand-père maternel, Paul Rosenberg, grand marchant d'art du début du siècle, contraint de fuir aux États-Unis pendant la Seconde Guerre mondiale et dont elle est aujourd'hui l'héritière. Raconter soi-même la vraie histoire avant que d'autres se chargent de la déformer dans une campagne où tous les coups sont permis, la stratégie a déjà fait ses preuves. Cela aurait-il été suffisant?

Le couple sait qu'il doit se défaire d'une image désastreuse, celle d'une gauche trop lointaine, trop riche, et perçue comme méprisante. En temps de crise, dans une France dépressive qui a peu goûté les largesses de Nicolas Sarkozy envers les hauts revenus et le bouclier fiscal, la fortune du couple Strauss-Kahn sera fort mal perçue. Nous vivons dans un pays où l'argent est suspect et traîne une odeur frelatée. La crise de 2009 n'a rien arrangé. Les Français détestent ce monde de la finance et des banques, qu'ils voient désormais comme l'univers de la délinquance en col blanc. Après un président «bling-bling», adouberont-ils un candidat «blindé»? Rien n'est moins sûr. Mieux vaut donc prévenir que guérir.

Petite-fille de Paul Rosenberg

Le patrimoine d'Anne Sinclair est d'origine familial. Elle est la descendante d'une lignée de marchands d'art et la petite-fille de Paul Rosenberg, qui fut, avec son frère Léonce, l'un des plus importants marchands de tableaux de la première moitié du XXe siècle. Depuis la mort de sa mère, Micheline, elle est donc l'héritière (avec sa tante dénommée Elaine Rosenberg, veuve de son oncle Alexandre Rosenberg) d'une collection aussi prestigieuse que mystérieuse, car entourée d'une absolue discrétion. Il faut dire que Paul Rosenberg fut notamment, pendant quelques années, le marchand officiel de Picasso, ce qui contribua à sa notoriété et à sa fortune. L'histoire des frères Rosenberg est romanesque et mouvementée. Elle est aussi entachée d'une zone d'ombre qui a sévèrement nui à leur réputation au milieu des années trente, à propos de laquelle les exégètes de l'histoire de l'art débattent encore aujourd'hui. Nous y reviendrons.

Mais commençons par le début. Léonce et Paul Rosenberg sont eux-mêmes fils d'un marchand de tableaux et d'antiquités réputé de la seconde partie du XIXe siècle, nommé Alexandre Rosenberg (arrière-grand-père maternel d'Anne Sinclair). Établi avenue de l'Opéra, ce solide connaisseur d'antiquités s'intéresse aussi aux peintres de l'école de 1830 et aux impressionnistes qui émergent à cette période et dont les premières œuvres font scandale dans le monde de l'art. Ce n'est pas un découvreur de talents ni un avant-gardiste, il fait avant tout du commerce et, comme tout bon commerçant, il s'efforce de répondre aux goûts du public. Sa maison tourne bien, sans faire de vagues.

Lorsque deux de ses fils (il est père de quatre enfants), Léonce, né en 1879, et Paul, né en 1881, se lancent à leur tour dans le métier, il les soutient et les encourage jusqu'à sa mort, en 1913.

Léonce et Paul Rosenberg sont de tempéraments très différents. Tous débutent leur carrière dans l'affaire paternelle avant de se lancer chacun sur une voie différente et d'ouvrir sa propre galerie. Leur parcours comme leur carrière vont connaître des trajectoires parallèles, mais divergentes par les choix qu'ils feront dans l'effervescence créative qui caractérise le monde de l'art au début du XXe siècle.

Paul part travailler en Angleterre quelques années, avant de revenir et d'ouvrir sa propre galerie en 1911, 21, rue La Boétie. De son mariage avec Marguerite naissent deux enfants, Micheline, mère d'Anne Sinclair, et Alexandre, qui n'aura pas de descendance.

Amateur d'art et homme d'affaire avisé, Paul Rosenberg sait, tout au long sa carrière, marier un penchant pour le classicisme et un intérêt prudent pour les avant-gardistes de l'époque, dont il suit le travail, achète les œuvres, sans jamais perdre de vue les goûts du public, souvent très conventionnels en matière d'art. Il se constitue ainsi au fil des années une superbe collection. Passionné par son métier, il reste raisonné dans ses choix. Dans sa profession, il est reconnu et respecté. Il est notamment l'un des interlocuteurs français privilégié du MoMa, avec lequel il collabore fréquemment, prêtant les œuvres de sa collection privée et de sa galerie pour les grandes expositions du musée new-yorkais sur l'art moderne français.

Les goûts de Paul sont éclectiques. Il s'intéresse à Toulouse-Lautrec, Paul Gauguin, Van Gogh, au Douanier Rousseau, à Delaunay, Gris... et contribue à les faire connaître au grand public en organisant des expositions ou en prêtant à d'autres galeries les œuvres qu'il a acquises. Si ces peintres ont aujourd'hui des cotes inestimables, ils sont à l'époque inclassables et déconcertent le grand public, qui découvre avec eux, éberlué et non sans méfiance, le fauvisme, le cubisme, les premiers tableaux abstraits... Sont-ils de vrais artistes, ces peintres qui ne respectent pas les couleurs véritables de la nature, qui déforment, qui gribouillent? s'interroge-t-on. Ces derniers sont traités tantôt d'imposteurs, tantôt de génies. La critique et le public se déchirent. Tous ne perçoivent pas que l'art accomplit alors une révolution. Bref, il faut une certaine vision, un goût assuré et une confiance dans ces nouveaux artistes pour miser sur eux à l'époque. D'ailleurs, rares sont ceux qui misent sur eux.

Mais Rosenberg est aussi un grand admirateur de Renoir, dont il est un des premiers à pressentir le succès phénoménal... après sa mort! (le 3 décembre 1919). Dans son journal, Jean Cocteau raconte une anecdote édifiante à propos du marchand d'art : «Le jour de la mort de Renoir, je rencontre Paul Rosenberg. Il me dit : "Je suis marchand de tableaux, que voulez-vous, et je donne de petites sommes à la domestique de Renoir pour qu'elle m'annonce sa mort avant les autres. Elle me téléphone ce matin. Un monsieur arrive rue La Boétie et je devine tout de suite qu'il sait et qu'il imagine que je ne sais pas. Bref il veut acheter vivant et moi je fais semblant de vendre vivant et je vends mort. Vous suivez? Le monsieur croit qu'il me roule." Rosenberg commence à se rendre compte, d'après ma tête, que son histoire est sordide. Et il ajoute : "Il y a quelqu'un qui a dû bien rire là-haut. C'est le père Renoir. Croyez-vous qu'il y ait des gens ignobles, des gens qui profitent de tout et même des morts ?"»

Une anecdote cynique, certes, mais qui illustre un des principes intangibles du marché de l'art : la cote d'un artiste connu est généralement ascendante *post mortem.* Paul Rosenberg le sait bien et n'est pas le seul à agir ainsi. C'est une pratique répandue, encore aujourd'hui. Acheter les œuvres d'un artiste vivant permet de les revendre avec un substantiel bénéfice une fois celui-ci trépassé. D'où l'intérêt de guetter son «état». Ce monde de la peinture a ses mœurs, impitoyables parfois.

Une chose est sûre, en misant sur Renoir, Paul Rosenberg a vu juste et réalise un bon coup. Il détient plusieurs œuvres de l'artiste, dans sa collection personnelle et dans sa galerie, qu'il saura monnayer avantageusement.

La période est faste pour Paul Rosenberg. Deux ans plus tôt, il fait venir dans son écurie Picasso, dont le marchand historique Daniel-Henry Kahnweiler est contraint d'interrompre son activité durant la Première Guerre mondiale. Cet Allemand installé en France est désormais considéré comme un ennemi et a en effet vu ses biens et ses œuvres saisis par les autorités françaises. Ces dernières seront dispersées lors des ventes aux enchères controversées Précurseur et grand découvreur de talents, Kahnweiler contribue largement à promouvoir et faire connaître le cubisme en France et dans le monde. Très tôt, il soutient des artistes tels que Juan Gris, Max Jacob, Georges Braque, Fernand Léger, Derain, et bien sûr Pablo Picasso, dont la notoriété est déjà considérable.

Sans marchand officiel depuis le début du premier conflit mondial, Picasso se tourne vers Paul Rosenberg en 1917. Le peintre espagnol a déjà à cette époque abandonné le cubisme et travaille dans d'autres directions. Lorsque Rosenberg le récupère, il est, de l'avis des spécialistes, dans l'une de ses plus mauvaises périodes créatrices, embourbé dans un classicisme « ingresque » qui déconcerte ses admirateurs. Période que Cocteau qualifie de « retour à l'ordre », après le « désordre » cubiste. Quant aux autres artistes de l'écurie Kahnweiler, ils sont soutenus durant cette période par Léonce Rosenberg.

L'histoire retient que c'est Paul Rosenberg qui convainc Picasso de quitter Montparnasse pour s'installer rue La Boétie, fin 1918, où est située sa galerie. Une façon d'avoir son artiste sous la main, en quelque sorte. Le marchand acquiert plusieurs œuvres de Picasso pour sa galerie et sa collection personnelle (Anne Sinclair en détiendrait encore un certain nombre aujourd'hui). En 1918, Picasso peint un tableau intitulé *Madame Rosenberg et sa fille.* Cette œuvre, qui représente Marguerite Rosenberg et sa fille Micheline encore bébé (respectivement grand-mère et mère d'Anne Sinclair), est cédée en dation à l'État français en 2008 par Anne Sinclair, au moment du décès de sa mère (conformément à un dispositif fiscal qui permet de s'acquitter de tout ou partie de ses droits de succession en donnant une œuvre à l'État). Elle est désormais exposée au musée Picasso, à Paris. L'ex-journaliste, déjà membre des Amis du musée Picasso depuis quelques années, a depuis été admise dans son conseil d'administration. En 1919, Picasso dessine également son marchand, assis sur un fauteuil, une cigarette à la main. Une œuvre sobrement intitulée *Portrait de Paul Rosenberg*.

Pour son grand artiste, Rosenberg organise une série d'expositions, diffuse ses gouaches, bref, fait fructifier au maximum leur collaboration, pressentant sans doute que Picasso retournera tôt ou tard vers Kahnweiler (ce qu'il fera).

La galerie Rosenberg prospère, se développe et enrichit son propriétaire jusqu'au début de la Seconde Guerre mondiale. Lorsque le second conflit mondial éclate, il est une des personnalités incontournables de la profession, à l'instar des Wildenstein, Bernheim, Durand-Ruel, ou encore Ambroise Vollard.

Les frères Rosenberg

Si Paul Rosenberg réussit et s'enrichit, c'est pourtant à son frère Léonce – moins heureux en affaires que son cadet – que la plupart des historiens rendent aujourd'hui hommage. Pour ces exégètes, le véritable passionné d'art, le découvreur de talents, l'enflammé, le précurseur, l'audacieux qui a pris des risques considérables sans avoir forcément récolté les bénéfices de son investissement intellectuel et financier, c'est lui, Léonce. « Paul était opportuniste. Tout en aimant l'art, il avait le sens du commerce et ne perdait pas de vue ses intérêts », résume un de nos interlocuteurs, qui ajoute : « Léonce était l'intello des deux. Il prenait beaucoup plus de risques. Il était passionné par l'avant-gardisme. C'était un précurseur et un homme de passion, d'un tempérament ombrageux et moins raisonné que Paul. »

Tout est dit. Là où Paul Rosenberg fait du commerce, Léonce, lui, ne cessera jamais de faire de l'art.

Léonce ouvre sa galerie, L'Effort moderne, rue de Baume à Paris dans les années 1910 et s'intéresse d'emblée à l'art abstrait et à l'avant-gardisme, qu'il découvre grâce à celui qui deviendra son rival professionnel, Daniel-Henry Kahnweiler, vers 1911. Il commence à collectionner les œuvres de Juan Gris, Auguste Herbin, Fernand Léger, Gino Severini, Henri Laurens, Piet Mondrian, Francis Picabia, Manuel Landon, Georges Valmier, Henri Hayden, Jean Metzinger… et bien sûr Picasso. On lui doit notamment d'avoir, le premier, organiser une rétrospective de Mondrian du vivant de Mondrian. Initiative aussi remarquable qu'audacieuse, tant l'abstraction radicale de cet artiste était alors mal comprise.

Durant la Première Guerre mondiale, alors que Kahnweiler doit quitter la France, c'est lui, Léonce, qui récupère la plupart de ses artistes. Il sera pour eux, durant cette période difficile où l'art ne se vend plus, un soutien moral et financier sans faille. Homme de conviction et véritable amoureux de l'art, il édite un bulletin, *Le Bulletin de L'Effort moderne,* dans lequel signent les plus grandes plumes de l'époque, organise des matinées littéraires et musicales. Il entretient également une correspondance abondante, aussi passionnée que houleuse avec ses artistes. Des lettres dans lesquelles il n'hésite pas à les morigéner, mais aussi à intervenir sur leur travail et leurs orientations créatrices. Mais Léonce finit par être victime de son tempérament difficile et de ses emportements. Il se brouille avec certains de ses protégés qui goûtent peu son interventionnisme et son mauvais caractère. Contrairement à son frère, il connaîtra toute sa vie des difficultés financières et finira ruiné. Haut lieu de l'art moderne, sa galerie fermera définitivement en 1941, après la promulgation des lois antisémites.

Si un événement entache sérieusement la biographie des frères Rosenberg, et plus particulièrement celle de Léonce, c'est bien les fameuses ventes Kahnweiler qui font grand bruit au début des années vingt. Allemand et juif, Kahnweiler doit subir, au cours de son existence, la double peine de voir ses biens confisqués durant la première guerre en raison de sa nationalité, et pendant la Seconde Guerre mondiale à cause de sa religion. Exilé en Italie lorsque le premier conflit éclate, il refuse pourtant d'intégrer l'armée allemande, pour ne pas combattre la France, son pays d'adoption. Cela n'empêche pas l'État français de saisir ses biens (considérés comme appartenant à un ennemi) et de les vendre pour en récolter le bénéfice. Plusieurs ventes aux enchères sont organisées pour disperser sa collection, en 1921 et 1923. L'homme désigné pour en être l'expert n'est autre que Léonce Rosenberg, fait qui lui sera abondamment reproché par le monde de l'art, marchands et artistes confondus.

« Comme ses affaires étaient mauvaises, nous explique un fin connaisseur de cette période, certains le soupçonnèrent de s'être fait nommer expert des ventes Kahnweiler afin de pouvoir racheter une partie de la collection à bas prix. En effet, en tant qu'expert, c'est lui qui en fixait le prix. Cela fut perçu comme une trahison. Léonce passa pour un homme sans scrupule qui profitait de la faiblesse de son rival pour siphonner sa collection. Son frère Paul profita lui aussi de l'opportunité pour acheter également un certain nombre d'œuvres. »

L'excellente biographie de Pierre Assouline consacrée à Kahnweiler, *L'Homme de l'art*[4], décrit avec force détails ces journées terribles au cours desquelles la fameuse collection fut démantelée au profit de certains « rapaces » de la profession. Il relate que le collectionneur Roger Dutilleul est « écœuré » par l'attitude de Léonce Rosenberg. Braque, lui, est « dégoûté » et en viendra aux mains avec Léonce. Pour tous, ce dernier a accepté l'inacceptable : être le fossoyeur de la collection Kahnweiler. Il sera conspué par une partie de la profession et par des personnalités aussi considérables que Matisse, Gertrude Stein...

Bien qu'il soit au départ en dehors de la polémique, Paul Rosenberg sera accusé de profiter lui aussi (mais comme beaucoup d'autres) de ces ventes de la honte. Il achète notamment à cette occasion un tableau d'André Derain, *Portrait de Lucie Kahnweiler,* pour la somme de 18 000 francs, « avec une ardeur douteuse », écrit Assouline.

---

4. Éditions Balland, 1988.

Est-ce pour humilier davantage son confrère déchu ? Fauché, Léonce, lui, achète néanmoins quelques Léger, histoire de se refaire, espère-t-il sans doute.

De l'avis général, la plupart des œuvres sont en effet bradées. Le célèbre critique d'art Louis Vauxcelles, qui passait pour ne rien comprendre aux œuvres des avant-gardistes (pour la petite histoire, c'est lui qui baptisa de « fauves » les peintres Derain et de Vlaminck lors du Salon d'automne de 1905, donnant ainsi naissance à l'expression « fauvisme »), note que des Picasso « se vendent pour le prix du châssis » sous le marteau d'ivoire impitoyable de Léonce Rosenberg. Opportuniste, Paul Rosenberg signe à cette période des contrats avec des artistes gérés jusque-là par Kahnweiler, comme Derain, Braque et Léger. Alors que le marchand allemand a œuvré durant des années pour faire connaître ces artistes, d'autres récupèrent les fruits de son long et patient travail. Injuste et cruel destin. Il n'est pas le seul à agir ainsi. Tous les grands marchands de la place de Paris se partagent désormais l'ex-écurie Kahnweiler.

De ces funestes journées et de l'attitude de Léonce Rosenberg, il demeure aujourd'hui une controverse vive dans les milieux de l'art. Certains le dédouanent, arguant qu'à l'époque, les spécialistes de l'avant-gardisme étaient peu nombreux et que le plus compétent était sans conteste Léonce Rosenberg. Sa désignation comme expert de la vente était donc logique.

D'autres, au contraire, défendent la thèse de l'opportunisme et de l'appât du gain. Pour eux, Léonce a donné sans scrupule le coup de grâce à un adversaire déjà à terre. « Léonce avait fait de sa galerie un véritable foyer intellectuel. Il faut lui reconnaître ce mérite. Mais il n'a pas été capable de le faire fructifier. Il était autoritaire, intrusif et finissait par déplaire. Il a cru pouvoir se remettre en selle avec les ventes Kahnweiler. Son attitude a été plus que limite. Ce n'est pas un épisode glorieux pour lui », conclut une conservatrice du Centre Pompidou.

L'exil à New York et la spoliation

L'itinéraire des frères Rosenberg connaît une fracture durant la Seconde Guerre mondiale. En 1940, Paul s'exile à New York (où naîtra, en 1948, sa future petite-fille Anne). Le plus jeune des deux frères a les moyens et la clairvoyance d'organiser son départ et celui de sa famille. Léonce, lui, ne quitte pas le sol français. Mauvaise perception des événements à venir ? manque d'argent ? Toujours est-il qu'il reste à Paris, où il portera l'étoile jaune.

Avant de quitter la France, Paul Rosenberg dissimule une partie de sa collection dans la région de Bordeaux, dans une maison située à Floirac et dans les coffres d'une banque de Libourne. Au total, près de deux cents œuvres, parmi lesquelles un *Nymphéas* de Monet et *L'Homme à l'oreille cassée* de Van Gogh. Le marchand, qui prépare son exil depuis plusieurs mois, fait également transférer discrètement certaines de ses pièces (et sans doute quelques-unes appartenant à son frère) vers l'Angleterre et les États-Unis. Mais certaines, dissimulées dans la capitale, auraient également été volées à Paris.

Dès son départ, son hôtel particulier, rue de La Boétie, est saisi par les Allemands. Ces derniers y installent l'infâme Institut d'étude des questions juives, dont la principale activité, on s'en doute, consiste à diffuser la propagande antisémite.

En septembre 1940, sur dénonciation de deux antiquaires, les nazis investissent la maison de Floirac ainsi que la banque de Libourne et saisissent la totalité des œuvres. Lorsqu'il apprend que ses biens ont été confisqués, Rosenberg n'hésite pas à écrire, de New York, au ministre de la Justice du gouvernement de Vichy, pour s'indigner de la violation par l'État de ses droits de propriété. Il affirme son intention de demander justice à la fin de la guerre.

Lorsque Paul Rosenberg revient en Europe à la fin des hostilités pour faire valoir ses droits et tenter de récupérer ses biens, il a la désagréable surprise (mais en est-ce vraiment une ?) d'être confronté à plusieurs marchands ou collectionneurs français et suisses qui rechignent à lui restituer des tableaux «mystérieusement» arrivés dans leurs collections. Ces derniers savent pourtant parfaitement que certaines de leurs possessions viennent du stock Rosenberg. Pugnace, il ne lâchera rien et récupérera une grande partie de ses œuvres, en provenance d'Allemagne et d'Autriche, que lui restituera au fil des ans l'État français. Dès 1945, il est de nouveau en possession d'environ cent soixante toiles. Parmi celles-ci, un *Nu allongé sur un bord de mer* de Courbet que Hermann Goering en personne s'était approprié. Il parvient aussi à un accord financier avec un dénommé Bührle, un marchand de canons allemand vivant en Suisse, détenteur de plusieurs tableaux issus de son stock. Il en retrouve également lors de la grande exposition organisée à Paris afin de restituer des tableaux volés à leurs propriétaires. Malgré cela, Paul Rosenberg ne reviendra pas s'installer en France.

Mais le travail de recherche et de restitution des tableaux spoliés est long et fastidieux. Certaines œuvres se sont évanouies dans la nature. Il faut souvent attendre des années pour qu'elles réapparaissent et que la famille puisse alors faire valoir ses droits. Un Courbet lui est ainsi rendu en 1951. À la mort de Paul Rosenberg, en 1959, ses enfants, Micheline et Alexandre, qui a repris les affaires de son père à New York, poursuivent inlassablement la recherche pour reconstituer le patrimoine familial. À force d'obstination, ils obtiennent la restitution de pièces majeures. Pourtant, aujourd'hui encore, selon nos informations, le compte n'y est pas. Plusieurs dizaines de tableaux manquent toujours. La famille continue de chercher et de se battre.

Après son mariage avec Robert Schwartz (qui a gardé son nom de résistant, Sinclair, après la guerre), Micheline Rosenberg quitte New York et revient s'installer à Paris avec son mari et sa fille unique, Anne, née le 15 juillet 1948. Anne Sinclair grandit en France dans un univers aimant et protégé. Absorbée par ses études et sa carrière de journaliste, celle-ci laisse sa mère et son oncle gérer l'héritage familial et poursuivre la recherche des œuvres manquantes. Des requêtes sont formulées en France et dans différents pays pour récupérer des tableaux de maîtres, Léger, Monet, Braque... L'un des avocats en charge du dossier n'est autre que Jean Veil, fils de Simone, proche de la famille Sinclair. En 1987, Alexandre Rosenberg décède brutalement d'une crise cardiaque à Londres, à 66 ans. Micheline Sinclair se retrouve seule pour poursuivre la tâche avec sa belle-sœur Elaine, veuve d'Alexandre.

En 1999, après plusieurs années de procédures et de péripéties, la famille obtient enfin une victoire majeure : la restitution d'un des célèbres *Nymphéas* de Monet, l'une des plus importantes œuvres volées à Paul Rosenberg qui faisait partie, on s'en souvient, des toiles dissimulées, puis volées dans le Sud-Ouest de la France.

La récupération de ce tableau n'est pas allée sans difficulté et son histoire mérite d'être relatée. Expédié en Allemagne après sa saisie, le tableau atterrit dans la collection du ministre des Affaires étrangères du Reich, Joachim Von Ribbentrop. À la fin des hostilités, il est retrouvé à Hambourg par les Alliés et réexpédié en France. À partir de là, les autorités françaises se perdent en conjectures et dans des méandres administratives. Paul Rosenberg, assurent-elles, n'aurait pas réclamé la peinture, qui a pourtant été exposée dans différents musées au lendemain de la guerre et qui figurait dans le catalogue du Jeu de paume en 1952. Malentendus ? confusions ? mauvaise foi ?... Le tableau est dans un premier temps attribué au Louvre, puis exposé plusieurs années à Paris, jusqu'en

1973. Depuis 1975, il était stocké au musée de Caen. Les Musées nationaux français savaient pertinemment que l'œuvre figurait dans le répertoire des biens spoliés en France durant la guerre. Dans le tome II, au numéro 5282, est mentionné : «Claude Monet, *Les Nymphas*, 90 x 92, M. Paul Rosenberg». On note une faute de frappe dans l'intitulé. Est-ce pour cette raison que la restitution a tant tardé? Ou bien parce que les Musées nationaux rechignaient à se séparer d'un tel trésor, d'une valeur estimée à environ 30 millions de dollars? On sait l'Administration tatillonne, mais tout de même. Cela n'empêchera pas le tableau de «voyager» et d'être prêté pour différentes expositions à travers le monde...

C'est justement à l'occasion d'un prêt pour une exposition à Boston en 1998 que les avocats de Micheline Sinclair et d'Elaine Rosenberg décident de frapper un grand coup en revendiquant la célèbre toile par voie de presse. L'affaire fait grand bruit, car au même moment, à Washington, se déroule la Conférence internationale sur les biens juifs pillés. Embarrassée, la délégation française présente sur place promet de faire le nécessaire pour clore enfin cet épineux dossier.

C'est finalement le 29 avril 1999 que l'œuvre est officiellement rendue aux héritières de Paul Rosenberg, après cinquante ans d'attente! La cérémonie est organisée au musée du Jeu de paume. Trautmann, ministre de la Culture du gouvernement Jospin, dit sa «profonde émotion» de restituer cette œuvre majeure après des années de malentendus. «Le mystère qui plane sur cette partie de l'histoire du tableau ne sera sans doute jamais élucidé », déclare-t-elle dans son discours, avant de préciser que « la découverte et le rapprochement récents de plusieurs nouveaux éléments ont permis d'identifier ce tableau ». La France a-t-elle fait preuve de mauvaise volonté durant toutes ces années ? C'est ce que laisse entendre Jean Veil, dans son discours de remerciements, en soulignant d'une allusion ironique la « méticuleuse enquête » de l'État durant toutes ces années. Mais, en ce jour faste, l'heure n'est pas aux règlements de comptes. La preuve, Catherine Trautmann achève son allocution en précisant que « ce tableau figurera, comme cela était prévu de longue date, à l'exposition *Monet. Le cycle des Nymphéas,* qui ouvre au public le 6 mai à l'Orangerie, et je remercie vivement la famille de Paul Rosenberg qui a consenti ce généreux prêt ».

Le tableau sera toutefois discrètement vendu par les héritiers Rosenberg un peu plus tard, en mains privées, pour environ 20 millions de dollars.

Une collection jalousement gardée

Que reste-t-il aujourd'hui de la collection Rosenberg ? Les professionnels du marché de l'art que nous avons rencontrés affirment ne pas le savoir précisément (ce qui est probablement faux) et se sont montrés d'une discrétion absolue. Il semble que soit un des secrets les mieux gardés du métier. Tant de mystère laisse supposer qu'elle est vaste. Selon plusieurs sources fiables et concordantes, la famille détiendrait encore des nombreuses œuvres qualifiées d'«importantes». Combien? lesquelles? «Un nombre significatif, assurément.» On ne saurait être plus vague! Le milieu feutré et élégant de l'art protège jalousement ses mystères. On se méfie des journalistes. Les informations sensibles s'échangent entre initiés. Nous n'en saurons donc pas plus. De même, rien ne filtre sur la localisation des œuvres. Sont-elles stockées en Suisse, aux États-Unis? Anne Sinclair possède-t-elle quelques pièces dans son appartement parisien? Sont-elles dans des coffres, prêtées aux collections permanentes des musées? Un peu de tout cela, probablement, mais aucune certitude.

Une chose est avérée : la plupart des artistes avant-gardistes lancés et soutenus par Léonce Rosenberg – Braque, Léger, Gris, Derain, Mondrian, Picabia... – et dont les deux frères possédaient des œuvres, sont aujourd'hui unanimement reconnus comme les plus grands peintres du XXe siècle. Le prix d'une seule de leurs toiles suffirait à faire vivre une famille pendant plusieurs générations. Quant à Picasso, il est hors catégorie.

Seules quelques rares ventes aux enchères laissent entrevoir la partie émergée de l'iceberg. En novembre 2003, un tableau de Fernand Léger, *La Femme en rouge et vert*, longtemps exposé au Centre Pompidou et rendu à la famille quelque temps plus tôt, est adjugé par Christie's pour un peu plus de 22 millions de dollars. Plusieurs personnalités du monde de l'art s'émeuvent alors de voir une telle œuvre, issue de la série *Contraste de formes*, quitter la France. C'est malheureusement fréquent. Faute de budget suffisant, la Réunion des musées nationaux (organisme public) se trouve parfois dans l'incapacité de s'aligner sur les sommes astronomiques proposées par des acheteurs étrangers lors des enchères publiques. Des œuvres du patrimoine national disparaissent ainsi pendant plusieurs décennies au profit de milliardaires ou de nouveaux riches pour qui l'art est synonyme de respectabilité. Une fois l'œuvre entre leurs mains, il n'y a plus qu'à compter sur leur bonne volonté pour qu'ils consentent à les prêter à l'occasion de rétrospectives.

« Pour *La Femme en rouge et vert*, on aurait aimé qu'un accord financier soit trouvé, regrette à mots couverts un ancien conservateur du Centre Pompidou. Mais c'est malheureusement fréquent dans des successions, les héritiers veulent tirer le maximum de profit et vont aux plus offrants. C'est dommage pour le patrimoine national. Il a donc fallu le décrocher. Ce fut un moment douloureux. En outre, dans le cas de cette toile, il y a eu un litige dans la famille pour savoir à qui appartenait le tableau. Car avant de partir pour les États-Unis, Paul avait probablement caché des tableaux que lui avait confiés Léonce. Et il est possible que celui-ci ait appartenu à Léonce, qui avait été le marchand de Léger. »

En novembre 2007, à New York, la famille cède une des œuvres les plus remarquables de son patrimoine, *L'Odalisque, harmonie bleue*, signée de Matisse. Montant : un peu moins de 34 millions de dollars. Quelques semaines plus tard, à Paris cette fois, Micheline Sinclair se sépare, par l'intermédiaire de Christie's, de trente-sept œuvres qualifiées de «mineures», pour un peu plus de 14 millions d'euros. Le mot «mineures» prend ici une valeur très relative!

Faute d'informations précises, on peut supposer sans trop d'erreurs qu'il reste dans cette collection, aujourd'hui propriété d'Anne Sinclair, des œuvres de Picasso, Marie Laurencin (pour laquelle sa tante Elaine posa), Braque, Léger... Mais y a-t-il un ou plusieurs Renoir que Paul Rosenberg admirait tant, des Matisse, des fauves...? Et combien d'autres toiles dites «mineures»?

À l'aune de son histoire familiale et de sa situation de fille unique, la fortune personnelle d'Anne Sinclair s'élève donc à plusieurs dizaines – voire plusieurs centaines? – de millions d'euros. «Ma femme m'a mis à l'abri du besoin pour le restant de mes jours», affirmait DSK dans une interview à *Libération* quelques semaines avant son interpellation new-yorkaise. On veut bien le croire.

Un train de vie somptuaire

Depuis son mariage avec Anne Sinclair en 1991, l'ex-patron du FMI, ex-futur candidat à l'élection présidentielle, est donc un cas à part dans le paysage politique français. Dans sa corbeille de mariée, sa troisième épouse apportait en effet un patrimoine et un train de vie fabuleux. Avec elle, Dominique, alors simple député, change du jour au lendemain de dimension. Au début de leur union, le couple réside dans un superbe appartement du 16ᵉ arrondissement de Paris, surplombé d'une immense terrasse, situé dans un immeuble appartenant en partie à la famille Sinclair. La mère d'Anne y vivait et avait souhaité que sa fille chérie s'installe près d'elle.

Avec celle qui est alors l'une des stars de TF1, DSK découvre l'ivresse des voyages en première classe et toutes les commodités d'une vie dorée où compter est superfétatoire. Généreuse avec le nouvel homme de sa vie, Anne, de l'avis de ses proches, ne sait rien lui refuser. Dominique s'installe alors dans un hédonisme financier auquel son dilettantisme et sa nonchalance naturels le prédisposent. Quand l'argent n'est plus un problème, la vigilance baisse, la facilité devient un dû. On s'y enivre, on perd pied, on déconnecte. La désastreuse affaire de la Porsche devant laquelle le couple se fera photographier en avril 2011 témoigne de cette négligence et de cette déconnexion. Aux côtés d'une femme hors norme, Dominique se voit dans l'obligation de devenir hors norme. Il claque, s'amuse, profite. La vie est douce, telle que le reconnaît Anne Sinclair elle-même dans une ancienne interview. Mais là où la star de TF1 affiche une aisance discrète parce qu'innée, Strauss-Kahn, avec ses cigares et son début d'embonpoint, s'égare parfois dans un comportement de nouveau riche et un m'as-tu-vu qui détonne au sein d'une gauche qui se veut vertueuse. Dominique «jouit» de son bonheur, de sa situation et de sa bonne fortune, comme un enfant pourri gâté, sous le regard amoureux d'une épouse indulgente.

Peu à peu, «l'habitude devient nature», dit un proverbe chinois. Au fil des années, l'opulence et l'inconscience ne font plus qu'une. Un appartement de 240 mètres carrés place des Vosges – l'un des lieux les plus prestigieux et les plus chers de la capitale –, un riad à Marrakech, une maison à Washington, des restaurations somptueuses... le patrimoine immobilier et le train de vie du couple deviennent un problème, que même les proches hésitent à aborder. Dès lors qu'un membre de l'entourage se risque à évoquer le sujet, Dominique et Anne font mine de ne pas voir «où est le problème». Ils sont riches, certes, arguent-ils, mais ne sont pas les premiers dans cette situation. La polémique de la Porsche, qui les surprendra l'un et l'autre les ramènera à davantage de prudence.

Pour acquérir son appartement place des Vosges, le couple débourse 4 millions d'euros, frais d'agence compris, réglés comptants[5] par le biais d'une SCI. Suivra un an de travaux. Le riad de Marrakech, au nom de madame (elle en possède 90 % des parts), a été payé avec ses indemnités de départ de TF1. Elle a ainsi coutume d'accueillir ses amis d'un «bienvenue chez Patrick Le Lay». Le riad a lui aussi fait l'objet de longs et lourds travaux réalisés, selon *L'Express*, «dans les règles de l'art, par les meilleurs artisans locaux pour restaurer à l'identique les plafonds en cèdre, les stucs et les zelliges, ces petits carreaux colorés d'argile émaillé dont on décore le sol et les murs». Le chantier, toujours selon l'hebdomadaire,

---

5. Source : *L'Express*.

aurait duré dix-huit mois. Prix estimé du bien après réfection : 3 millions d'euros. Quant à la maison de Georgetown, elle est réglée 4 millions de dollars comptants par madame.

Plus rien ne semble être un problème, donc. À un détail près. Prétendre représenter l'électorat populaire lorsqu'on incarne le capitalisme mondial et que son épouse est milliardaire pouvait se révéler une équation compliquée pour DSK. En privé, Nicolas Sarkozy s'amuse de ce que sa montre, à côté de celle de l'ancien patron du FMI, serait apparue comme un modèle vulgaire.

Le sujet aurait été d'autant plus épineux pour le couple que des esprits bien intentionnés n'auraient pas manqué d'éplucher scrupuleusement les feuilles d'impôt du couple. Et de noter que, les œuvres d'art étant exonérées de l'ISF, ainsi que les propriétés à l'étranger (les Strauss-Kahn sont fiscalement non-résidents en France depuis qu'ils vivent à Washington), la majeure partie de la fortune de madame échappe à l'impôt. Lui-même, en tant que salarié d'une organisation internationale, est exempté de l'impôt sur le revenu. Rien que de parfaitement légal, mais 420 000 dollars par an, auxquels s'ajoute une enveloppe de 75 000 dollars destinée « à [lui] permettre, dans l'intérêt du Fonds, de maintenir un train de vie approprié à [sa] fonction et à la représentation du FMI », voilà qui aurait fait désordre. Tant d'avantages et de privilèges jetés à la figure d'un pays qui fit la révolution pour les abolir. Pas sûr que la pilule aurait été aisément avalée par le « peuple de gauche ».

9

Les « emmerdes » de DSK

Décidément, les avions ne réussissent pas à DSK ! Ce devait être un atterrissage en douceur, mais c'est une arrivée chahutée sur le tarmac de Roissy. Quand, ce 31 octobre 1999, Dominique Strauss-Kahn, qu'accompagne Anne Sinclair, pose le pied sur le sol français, de retour d'un bref séjour en Asie, il sait que les heures à venir vont être rudes.

Le scandale de la Mnef

Pour éviter la presse qui a pris d'assaut l'aérogare, il s'engouffre dans une voiture venue le prendre au pied de l'appareil. Et c'est à tombeau ouvert qu'il rejoint ses bureaux, où l'attend une réunion de crise. La mine déconfite de son équipe ne fait que conforter ses craintes : l'affaire qui vient d'éclater n'a rien d'anodin. Pour preuve, l'ensemble de la presse a annoncé, la veille, la prochaine mise en

examen du ministre de l'Économie et des Finances pour
« faux et usage de faux » dans le cadre du scandale de la
Mnef, du nom d'une mutuelle étudiante synonyme de
descente aux enfers pour DSK. En effet, la justice reproche
à ce dernier un courrier antidaté de l'époque où il était
l'avocat de cet organisme. Ce jeu d'écriture aurait été
effectué dans le cadre de la vente d'une filiale de la Mnef,
en 1994, opération pour laquelle Dominique Strauss-
Kahn a touché quelque 600 000 francs (92 000 euros)
d'honoraires.

Strauss-Kahn est KO debout et les mois qui vont suivre
l'achèveront, avec une seconde mise en examen, en
janvier 2000. Il s'agit, cette fois, d'un tout autre dossier :
la prise en charge par le pétrolier Elf du salaire de sa secrétaire. Les juges, qui soupçonnent alors un emploi fictif,
iront jusqu'à perquisitionner à son domicile. Pas la peine
de pousser jusqu'à ses bureaux, puisque DSK les a quittés.
Inutile d'interroger quelque membre du gouvernement
que ce soit : *persona non grata*, Dominique Strauss-Kahn
a perdu sa place à la table du Premier ministre. Et son
maroquin, au septième étage de Bercy, où ses bureaux
ont un nouveau locataire, Christian Sautter.

La garde rapprochée de l'ancien ministre a beau
faire bloc, Anne Sinclair faire feu de tout bois, matra-
quer devant micros et caméras ou dans l'intimité de
déjeuners avec des journalistes amis combien son époux
est victime d'un « acharnement judiciaire » et d'une
« campagne médiatique indigne », la pente devient rude
à remonter pour celui à qui l'île d'Elbe de la politique

offre une longue villégiature. Il y a comme un cercle de feu autour de l'homme, dont on se détourne dans les allées du PS. Comme une odeur de soufre dans le sillage de celui qui embaumait la gauche, il y a encore quelques mois. Le choc est d'autant plus tellurique que, cerise sur le gâteau, l'opinion découvre avec stupeur, un matin dans la presse, qu'affectionnant les casseroles, l'ancien ministre de l'Économie détient depuis plus d'un an l'original de la cassette des confessions de feu Jean-Claude Méry. Un testament audio dans lequel le collecteur des fonds occultes du RPR accuse Jacques Chirac d'avoir personnellement assisté à la remise d'un pot-de-vin de 5 millions de francs, du temps où il était Premier ministre, en 1986.

Que fait cet enregistrement entre les mains de DSK? Pourquoi l'a-t-il conservé aussi longtemps? Quel usage compte-t-il en faire? Et maintenant, il nous dit qu'il ne l'a jamais visionné! Et même oublié au fond d'un tiroir! Quel culot!

Estomaqué, le premier cercle, sous les pieds duquel le sol s'est cette fois-ci dérobé, se perd en conjectures. « Léger », « inconscient », « bordélique », « impulsif » sont les mots qui reviennent alors dans la bouche de ceux qui tentent de lui trouver quelques circonstances atténuantes. Des arguments que ses derniers soutiens, effondrés et déboussolés, essaient péniblement de mettre en avant quand éclate l'épisode scabreux du Sofitel. DSK est ainsi : il égare les documents qu'on lui remet, oblige ses collaborateurs à multiplier les photocopies, oublie les rendez-vous que ses secrétaires lui balisent au Stabilo et on en passe… Un peu court, comme explication.

Après cet enchaînement de carambolages, qui pousse ses plus intimes soutiens à s'interroger sur ses comportements, cette ligne de défense, parcheminée, part vite en lambeaux. DSK n'est plus audible et les plus sceptiques, parmi ses derniers supporters, en viennent à s'interroger : pourquoi ce goût immodéré pour les escapades entre chien et loup? Comment se fait-il qu'il puisse attirer comme nul autre les «emmerdes», tel l'aimant la ferraille. Pourquoi préférer les chemins de traverse aux avenues balisées, la pénombre à la clarté?

S'il en est une qui garde en tout cas le cap et refuse d'abdiquer face à la bronca, c'est bien Anne Sinclair. Ce qui arrive à Dominique n'est pour elle que le gage naturel que tout homme politique, atypique et forcément au-dessus du lot, doit un jour s'attendre à payer. Au premier faux pas, même inconscient, tout le soupçonne, l'accuse et le sanctionne. Ainsi va la vie en politique. Anne Sinclair connaît le sens des mots et ceux qui conviennent à cette histoire. Et si Strauss a pu faire preuve de légèreté ou de bêtise, il n'est pas cet homme politique entre deux eaux qu'une grande partie de la presse étrille alors.

À ceux qui l'interrogent dans les dîners en ville, elle parle d'une voix assurée d'une parenthèse difficile. Mais face à ses amies les plus proches, Élisabeth Badinter ou Rachel Kahn, elle évoque un «calvaire». Ces dernières sont pourtant bluffées face au sang-froid de celle que rien ne semble pouvoir vraiment entamer et dont la volonté au tranchoir semble inaltérable. Faut-il être d'un alliage particulier pour afficher, en toutes circonstances, un visage de madone que la crucifixion de l'être aimé semble galvaniser !

Dégoûté de la politique, écœuré par les revirements de ceux qui, la veille, lui tournaient encore le dos, DSK prend le maquis, rentre en sécession et va se ressourcer à l'Observatoire français des conjonctures économiques (OFCE), où son ami Jean-Paul Huchon lui propose un bureau et une secrétaire, le temps de recharger ses batteries. Ces longs mois de retraite le verront aux quatre coins du monde donner des conférences et des cours d'histoire de la macroéconomie devant des amphis bondés. À Sciences Po, un parterre d'étudiants l'entendra tirer les enseignements de ses derniers mois de galère : « Ne sortez pas des autoroutes classiques, sinon vous vous planterez. » Lui-même s'en est fait secrètement le serment. Du moins pour les mois qui suivent...

Il faudra attendre presque deux ans, jusqu'en novembre 2001, pour que la justice absolve DSK et prononce un non-lieu dans une affaire qui aura fait d'innombrables dégâts. « Ah, si Dominique n'avait pas déconné ! » soupirait Lionel Jospin au début de cette affaire, dont il sort pourtant blanchi. Mais qui s'en soucie ? Quelque chose s'est brisé entre Dominique Strauss-Kahn et le PS. Entre DSK et Jospin, qui l'invite pourtant à faire du bateau avec lui, un week-end au large de La Rochelle, alors que le congrès du PS s'achève : des ronds dans l'eau

qui attisent le ressentiment d'Anne Sinclair, dont la mijo-
teuse intérieure dégage un fumet nocif... « Madame
DSK» est en guerre froide.

DSK is back !

Entre petits-fours et champagne, le ban et l'arrière-ban
de la «strausskahnie» vient célébrer, ce 28 janvier 2001,
sous les lambris du salon Borghèse de l'hôtel Lutetia, le
Nouvel An et l'épilogue de ce marathon judiciaire. Une
opération de relation publique qui voit une centaine
d'invités – politiques, industriels et journalistes – entou-
rer un homme d'acier, qui vient d'inventer l'éternité en
politique.

Il n'a que 53 ans et celle qui lui parle à l'oreille, rivée à
son épaule tel l'Airbag prêt à se déclencher à la moindre
immixtion ou agression, semble défier du regard ceux
qui réapparaissent comme par enchantement après de
nombreux mois d'éclipse. Elle n'oublie pas les défections
et en tient le compte méticuleux. Juché sur une petite
estrade, DSK profite de cette cérémonie pour lui rendre
un hommage appuyé ; son regard fiché dans le sien, il
sait ce qu'il lui doit. Mais ce couple sait aussi qu'il revient
de loin. Et il sait, enfin, que l'heure de la reconquête a
sonné. Étonnant tableau que celui de cet homme et de
cette femme, revenus de l'enfer, qui semblent se jouer
en toutes circonstances des aléas de la vie et du temps
qui passe.

« Un désert en politique, c'est d'abord un endroit où l'amour est une oasis. » Ainsi célébré, de nouveau, par *Paris Match*, rameuté, le retour aux affaires de l'ancien banni mène également son épouse sur tous les fronts. Anesthésiée, réduite au silence des mois durant, elle s'était réfugiée dans le travail, pour oublier. Après avoir butiné sur France 3 – avant que l'ancien ministre de la Culture, Jean-Jacques Aillagon exige sa tête –, puis bifurqué vers RTL, où elle ne reste que quelques mois, elle atterrit sur France Inter, toute dernière étape d'une carrière à laquelle elle met un terme définitif, une fois DSK revenu au plus haut niveau.

Car le voilà prêt à réenfourcher le cheval politique. En coulisses, il se met discrètement au service de Lionel Jospin – avec lequel il n'a pas rompu, contrairement à Anne Sinclair –, travaille à la plate-forme de propositions qui doit venir épauler la candidature de ce dernier à l'élection présidentielle et s'installe chaque vendredi dans ses bureaux de Sarcelles, dont il est redevenu adjoint au maire. Parallèlement, l'homme a retrouvé goût aux choses de la vie. À ceux qui l'interrogent, il dit avoir redécouvert les plaisirs du ski et de la lecture. Et ajoute avoir repris des leçons de piano. Requinqué, il s'envole régulièrement, avec Anne, vers les palmeraies de Marrakech, où il retrouve une partie des siens, que convoque Anne Sinclair pour des séances de calinothérapie familiales : piscine, Jacuzzi, patios et larges vérandas, le joli riad est devenu un palais qu'Anne Sinclair a agrandi de plusieurs extensions. L'ex-ministre prend-il le temps de réfléchir sur l'épisode qu'il vient de traverser ? A-t-il l'intention de corriger de ce que beaucoup lui reprochent : cette propension à se précipiter tête baissée dans des impasses et les risques inconsidérés qu'il prend parfois à courir trente-six lièvres (ou jupons) à la fois ? Bien que bluffée par les capacités de rebond de leur champion, sa garde rapprochée, qui le surveille comme le lait sur le feu, ne parvient pas à révoquer totalement ses inquiétudes.

Car, avec cet homme, tout est, hélas, possible.

L'argent, la judaïté et les femmes

C'est il y a un peu plus de deux mois, le 3 mai 2011, précisément, soit dix jours avant le « Sofitelgate » de New York. Dans un restaurant parisien, DSK déjeune avec un petit groupe de journalistes du magazine *Marianne*, dont le responsable du service politique, Nicolas Domenach. Décidé, semble-t-il, à se présenter à l'élection présidentielle, le patron du FMI évoque les trois « faiblesses », les trois écueils, qui le guettent, les trois obstacles qui l'attendent et dont il paraît s'inquiéter.

Par ordre de préséance : l'argent, la judaïté et les femmes. Mais c'est le second point, ses racines juives – son pied-bot, un chiffon rouge pour une petite frange de l'opinion française qui n'en a pas fini, selon lui, avec ses vieux démons –, qu'il met le plus volontiers en avant. Ce pays qui chante à deux temps l'air du mensonge, quand on évoque l'hypothèse de sa candidature à la présidentielle, n'est pas encore tout à fait mûr, à entendre DSK, pour installer à l'Élysée un homme de religion juive. Et de rappeler l'exemple de Laurent Fabius, qui, avant lui, a souffert de cette situation, des racines qui auraient bridé ses ambitions. Et tout ce que DSK entend, tout ce qu'il subodore ou pressent autour de lui conforte sa crainte.

Quant aux femmes ? Un chapitre accessoire et tabou qu'il balaie d'une moue agacée durant ce déjeuner : ce sujet relève, selon lui, de l'anecdote et de rumeurs éternelles, rancies avec le temps, nourries par ses ennemis. Rétif à tout calcul mental dès lors qu'il s'agit de faire sa comptabilité amoureuse, il n'accepte pas, même venant de ses confidents les plus proches, qu'on vienne le questionner sur ce sujet « On ne prête qu'aux riches », soupire-t-il, ponctuant ce chapitre de points de suspension. Ses écarts ? Des fantasmagories qui n'ont d'autres intérêts que d'alimenter « la machine à ragots ». Agrafer le regard d'une jeune femme n'est pas un péché et cette façon d'être est sa façon de vivre. Basta !

Mais se savoir en permanence épié l'insupporte. Inquiet, pourtant, son proche entourage, à commencer par sa garde rapprochée, n'a de cesse de le surveiller de loin en loin, sachant qu'un simple défaut de vigilance de leur part peut avoir des conséquences imprévisibles.

Car ils sont payés pour savoir... Certains des émargements passés de leur chef ont conduit à de vrais cataclysmes, nous y reviendrons. Et si l'équipe de « nettoyeurs » de DSK, Ramzy Khiroun, Stéphane Fouks et Anne Hommel, est jusqu'ici toujours parvenue à circonscrire la majorité des incendies, en évitant que la presse s'en approche ou s'en empare, ils savent qu'ils ne sont pas à l'abri d'une vraie tuile.

« Des conneries ! » Dominique Strauss-Kahn n'accepte pas ces insinuations. De quoi lui parle-t-on ? Au prix d'une belle atrophie de sa mémoire, il parvient à minimiser, à oblitérer cette partie de sa vie. Pour lui, le danger se situe, encore une fois, bien ailleurs. Dans cet antisémitisme rampant, « qui ronge la société française », dit-il. C'est d'ailleurs, ajoute-t-il, la crainte première et tellurique de sa femme, également. Pour preuve, ses incursions répétées sur Internet : DSK explique ainsi que, quand il tape le mot « Sinclair » sur Google, l'analogisme qui revient de manière récurrente est « Juif, Juif, Juif ». C'est ainsi que, quelques jours avant sa descente aux Enfers new-yorkaise, DSK dit à ces mêmes journalistes s'attendre à des attaques « très crades » sur la question. La politesse impose à ses convives de ne pas le mettre en garde sur d'autres risques, non moins scabreux, qu'il encoure. Pour preuve, le tombereau d'allusions graveleuses et de rumeurs d'alcôve tout aussi nauséeuses – alimentées, pense-t-il, par l'Élysée, les services de Claude Guéant, au ministère de l'Intérieur, ainsi que par quelques médias inspirés, tel un site internet, Atlantico, soupçonné d'être un appendice de l'UMP –, qui suintent de toutes parts et prospèrent, comme par hasard, depuis quelques semaines, à l'approche de sa déclaration de candidature aux primaires.

On évoque ainsi, pêle-mêle, dans Paris, une pile supposée de mains courantes déposées dans les commissariats par des jeunes femmes qui auraient un jour croisé la route du patron du FMI, de nombreuses nuitées d'hôtel facturées dans des lieux discrets de la capitale, où sa silhouette aurait été aperçue, ainsi qu'une floraison de liaisons qui bourgeonnent entre Paris et Washington... Joli dossier ! À vivre entre les lignes, et surtout à laisser dire, DSK a fini par toucher le gros lot et attiser l'intérêt de tous. Ce dernier a le pris le parti de s'en contreficher. S'en remettant à la chance, à la protection de sa garde rapprochée, qui dit veiller au grain, verrouillant les fuites, et à une vieille tradition française en France, qui veut que l'on ne touche pas à la vie privée des hommes publics, DSK se pense à l'abri. Pas vu, pas pris.

10

La firme

En quarante ans de vie politique et professionnelle, DSK a croisé le chemin d'un nombre absolument invraisemblable de personnalités de tous horizons et de tous pedigrees, l'ensemble formant, on l'a déjà dit, l'un des réseaux les plus puissants jamais vus en France. Cet entrelacs d'amitiés labyrinthiques, souvent indéchiffrables, reste une jungle pour ceux qui ont tenté d'y pénétrer. Une nébuleuse où voisinent hommes politiques, nababs du CAC 40 et stars du show-biz, dont DSK semble se jouer, y piochant au gré de ses urgences, de ses envies ou de ses caprices.

Au cœur du « système DSK »

Beaucoup ont vu du François Mitterrand dans cette manière de cloisonner avec soin ses très nombreux réseaux, ce nœud de relations toutes étroitement compartimentées et réparties en une succession de cercles étanches, dont l'ancien patron du FMI a toujours semblé disposer à sa guise, comme autant de leviers d'influence. Effeuillant un carnet d'adresses qui s'est enrichi avec le temps et les apports d'Anne Sinclair, Strauss-Kahn dispose là d'un nombre impressionnant de soutiens qui, le moment venu, formeront une cour tout acquise.

Mais il est un petit cercle restreint, un noyau de fidèles, campé à la lisière de la politique, de la publicité et des médias, qui échappe à cette classification : une bande inféodée qui ne relève pas des réseaux classiques de DSK. Cette phalange, jamais aperçue au grand jour, inconnue du grand public, cultivant la discrétion et fuyant la publi-cité, mais omnipotente en coulisses, opère dans l'ombre depuis des années. Au sein du parti socialiste, certains ont baptisé ce noyau dur « la firme ». Le même nom dont Cécilia Sarkozy affublait le petit cercle de conseillers détestés qui entourait son mari, en 2007, et dont elle exigea le sacrifice.

On prête d'ailleurs aux hommes de DSK les mêmes qualités et les mêmes travers attribués hier aux anciens bodyguards de Sarkozy. Une camarilla d'un abord sympa-thique, mais un peu trop voyante. Souvent cassante et brutale dans sa manière de s'exprimer. Habile à la manœuvre, cette « bande », également friande d'« intox » dans les médias, s'est souvent vu reprocher au sein du PS de s'égarer en lisière de la politique, aux confins du monde des affaires et de la finance.

Le dernier reproche n'est pas le moindre et il concerne directement Dominique Strauss-Kahn : qu'ont-ils fait pour ne pas le protéger un peu mieux, connaissant comme personne ses fragilités et travers ? Combien parmi eux savaient ses habitudes et connaissaient ses repères de Paris à Washington ou New York, sans jamais intervenir afin de le préserver ou le mettre en garde ? Mais l'aurait-il accepté ?

Allégeance au monde de l'argent, train de vie ostentatoire, négligence à l'égard des élus, mépris des élites, plaisir redoublé à la pensée que tout est dû... Fonctionnant comme une véritable officine sans frontières, ni véritables règles ou code de bonne conduite, cette cellule est, de fait, le troisième poumon de DSK, et son bras armé. Tout à la fois pompiers volants, officiers d'intendance, lobbyistes accomplis et démineurs chevronnés, Ramzy Khiroun, Stéphane Fouks, Gilles Finchelstein et Anne Hommel – la « bande des quatre » – ont été de tous les coups de grisou de DSK. Dépositaires de nombreux secrets et épisodes de la vie de ce dernier, ils ont tout vu, tout connu, et souvent beaucoup tu, depuis les premières heures de l'affaire de la Mnef, jusqu'au cataclysme du Sofitel. Où serait Dominique Strauss-Kahn aujourd'hui sans eux ? Sans doute à terre, depuis longtemps. L'intéressé leur doit probablement de ne pas être tombé plus tôt au détour d'une histoire d'alcôve, que l'on pardonnerait au premier *quidam* venu, mais qui peut se révéler très vite explosive quand on brigue la fonction suprême. Même si elle est aujourd'hui de l'ordre du symbolique, à l'heure où les dés roulent et que la justice américaine déroule ses réquisitions, la présence de cette cellule de crise aux côtés de l'accusé Strauss-Kahn reste toujours le plus grand des réconforts.

Peu avant le crash new-yorkais de DSK, l'Élysée, où l'on commençait à compiler des éléments susceptibles de déstabiliser le futur candidat à la présidentielle, s'intéresse de près à ce quatuor, convaincu qu'il est un maillon faible, son talon d'Achille. Le cabinet du chef de l'État considère même que se pencher sur les activités des *spin doctors* de Dominique Strauss-Kahn revient à désactiver le cœur même du « système DSK », à transpercer sa dernière ligne de défense. Certaines rédactions sont d'ailleurs approchées, au début du mois de mai 2011, par des émissaires de Nicolas Sarkozy, promettant « du lourd » à propos des pratiques et du passé de ces quatre mousquetaires.

Ce quatuor est au bord du précipice et de la défaillance, brisé même, en larmes au téléphone quand il apprend, dans les profondeurs de la nuit du 14 au 15 mai 2011, l'interpellation à New York de celui dont il prépare depuis si longtemps les « éléments de langage » et le dispositif de communication, en vue de son engagement dans les primaires du parti socialiste, une question de jours. Rien ne pouvait arriver de pire à ceux que les équipées lointaines et souvent nocturnes de leur mentor plongent dans tous les affres, affolant leurs GPS. Où est Dominique ? Que fait-il ? Pourvu que... Étonnante situation que celle de ces soutiens fidèles, au fait de nombre de détails parmi les plus intimes de la vie privée de DSK, dont l'autre mission, tout aussi sensible et capitale, consiste à protéger son épouse Anne Sinclair... Conservés sous scellés, certains éléments parmi les plus confidentiels de la vie privée de DSK ne parviennent ainsi que filtrés par leurs soins aux oreilles de celle à qui l'on a toujours épargné l'indicible. Une épouse choyée, protégée, à qui l'on dit le minimum. À quoi bon, d'ailleurs ?

Jusqu'au crash new-yorkais, qui a pour première et cruelle conséquence de faire voler en éclats cette dernière digue et de braquer les projecteurs sur ce qui relève alors d'un secret de polichinelle.

Interrogée à leur propos au début du printemps, Anne Sinclair balaie d'un revers de main la question de l'entourage : un sujet définitivement tabou. Agacée des critiques maintes fois entendues chez certains grognards du PS, qui s'inquiètent de l'emprise sur leur poulain de cette cellule inexpugnable, elle dit ne pas comprendre ces procès en sorcellerie. Réfutant l'air du soupçon, elle a ainsi pour habitude de clore ce chapitre d'un mot simple, enveloppé dans un sourire complice : « C'est la bande. »

Anne Sinclair sait faire usage des mots et celui-ci n'est pas lâché au hasard. Si Ramzy Khiroun et ses trois acolytes ont su gagner l'amitié de Dominique, au point d'émarger dans les recoins les plus enfouis de sa vie privée, c'est qu'ils sont dignes de confiance. Et donc d'entrer dans le premier cercle. Et comment peut-elle oublier leur dévouement de chaque instant ? Sur le qui-vive guerrier depuis plus de quinze ans, ils ont ramé, écopé, colmaté, participé à toutes les campagnes du général DSK.

En témoignent les breloques épinglées au revers de leurs vestons, vestiges de combats homériques : Mnef, cassette Méry, affaire Piroska Nagy... Des faits d'armes dont Anne Sinclair se serait volontiers passée, mais qui illustrent l'abnégation et le savoir-faire de cette petite phalange, sans laquelle l'homme qu'elle aime aurait peut-être disparu de longue date du paysage politique français. Une seule chose a manqué à ce quatuor : une longe imaginaire suffisamment longue pour tenir bride court celui qui donne le sentiment d'échapper à tout contrôle.

La cheville ouvrière du «système DSK» (Stéphane Fouks)

À la tête d'Euro RSCG, Stéphane Fouks est la cheville ouvrière du «système DSK». Trois lettres qui font orgueilleusement surface dans le propos de celui qui s'imaginait, il y a encore quelques semaines, s'installer à l'Élysée, à deux pas de son mentor, dans le bureau du communicant de Nicolas Sarkozy, Franck Louvrier : « *the place to be*». Fouks en un coup d'œil : sa rondeur est trompeuse, son air matois, un trompe-l'œil, sa bonhomie affichée, un leurre : ce fils spirituel de Jacques Séguéla, passé par le cabinet de Michel Rocard, à Matignon, est une lame, en vérité. La sérénité pour masque et la douceur en sautoir, l'homme balade son monde et divertit ses visiteurs à coup d'anecdotes secondaires. Voix toujours douce et manières élégantes ; son visage poupon cache un tempérament de sicaire.

Connu comme le loup blanc dans les allées du CAC 40, sur les bancs de l'Assemblée et dans de nombreuses sphères politico-mondaines, ce lobbyiste de haut vol au talent indéniable et reconnu ne se limite pas à imaginer des campagnes de pub pour la brochette de grands patrons qu'il conseille – de Baudouin Prot (BNP-Paribas) à Henri Proglio (EDF) en passant par Henri de Castries (Axa), Stéphane Richard (France Télécom) et Arnaud Lagardère. Il entretient l'un des réseaux d'influence les plus achevés, mis à la disposition d'un Dominique Strauss-Kahn dont il se veut l'armure. On l'aura compris, Stéphane Fouks a de l'entregent. Une réputation qui se vérifie en novembre 2008, lors de la remise des insignes de la Légion d'honneur par l'ancien ministre du Travail, Xavier Bertrand. Cette cérémonie voit en effet se bousculer, sous les lambris de ce ministère, une vingtaine de grands patrons, ainsi qu'une brochette de ministres et quelques proches conseillers de Nicolas Sarkozy, venus honorer celui qui, un an plus tôt, a accompagné, en coulisses, la campagne de... Lionel Jospin. Une fois l'insigne de la Légion d'honneur épinglé au revers de son veston, l'ancien secrétaire général de l'UMP lui remet un cadeau : un portrait du récipiendaire barré du slogan de campagne de Nicolas Sarkozy, « Ensemble, tout devient possible ». Une maille à droite, une maille à gauche.

L'influent *spin doctor* s'est pourtant parfois bien égaré. Notamment en Côte d'Ivoire, où il a des engouements réversibles : il fait ainsi la campagne de Laurent Gbagbo, après avoir organisé, quelques années plus tôt, celle de son rival, Alassane Ouattara, soutenant avec force et conviction, et jusqu'à sa chute, le dictateur.

Ces incursions en Afrique noire ont pour conséquence d'attiser, à l'hiver 2011, la curiosité de la cellule africaine de Nicolas Sarkozy, à l'Élysée, qui s'intéresse de près aux émoluments de ce strauss-kahnien menant apparemment grand train entre Paris et Abidjan. Une cible pour les snipers du locataire de l'Élysée, qui fouillent son passé et cherchent des éléments susceptibles d'être versés au dossier DSK, le moment venu.

Mais c'est aux côtés de ce dernier que Stéphane Fouks donne depuis des mois toute sa mesure. Rien n'échappe à celui qui pilote, de Paris, la communication du patron du FMI, dont l'atterrissage en France se précise : à chaque question, une réponse, à chaque menace, une riposte, à chaque rumeur, un contre-feu. Fonctionnant comme une cellule de crise en permanente activité, la petite équipe qu'il a spécialement créée à cet effet, s'emploie à baliser le chemin d'un futur candidat embarqué dans un compte à rebours crispant pour son entourage. Ne pas l'exposer, ne rien omettre, parer à toute éventualité, y compris à l'exhumation d'affaires rancies, qui pourraient sortir des placards et bourgeonner à nouveau, une fois DSK rentré dans le vif du sujet.

Loin des yeux, hors contrôle : Stéphane Fouks vit ainsi depuis des mois au rythme d'un globe-trotter imprévisible qui le fait vaciller dans une complète schizophrénie.

N'ayant pas le don d'ubiquité, il s'en remet à quelques saints invoqués, lesquels n'osent se porter caution... D'autant qu'il lui faut prendre en compte les propres inquiétudes d'Anne Sinclair : veillant au grain, celle qui joue les « mamita » entre son appartement de la place des Vosges et celui de Washington, d'où elle surveille sa tribu, s'inquiète également d'une campagne qui risque de charrier son lot de vilenies. Soucieuse, par exemple, que la presse ne mette pas en exergue son patrimoine, elle demande notamment à Stéphane Fouks de faire en sorte qu'aucune photo de leur riad de Marrakech ne se retrouve dans la presse.

C'est ainsi que tout est mis en œuvre pour que des titres amis, comme *Paris Match* ou le *Journal du dimanche*, accompagnent les derniers mètres de l'ascension de leur poulain. Leur dernière mission en date consiste, comme d'habitude, à tenter de colmater les nombreuses voies d'eau d'une communication devenue quasi impossible : condamnés à attendre le procès d'un DSK dos au mur, Stéphane Fouks, Ramzy Khiroun et Anne Hommel tentent, début juin, de dresser l'inventaire des nombreux ouvrages en cours sur « l'affaire DSK ». Avec le souci de vérifier qu'aucun élément nouveau – à charge ou diffamatoire – sur la vie privée de DSK ne sorte et puisse être une source d'inspiration pour les avocats de la femme de chambre qui l'accuse, Nafissatou Diallo.

Bien avant, déjà, alors que les primaires du PS s'annoncent et que la campagne en vue de la présidentielle se dessine, tout est mis en œuvre pour que les rumeurs d'alcôve, qui rôdaient alentour, ne fassent surface dans la dernière ligne droite. Et viennent s'échouer sur la Toile ou ailleurs, par l'opération dévastatrice d'une confession tombée de nulle part : une crainte tellurique. Internet, qui pulvérise souvent les records d'avilissement, est le premier danger.

« La bande… » Cette amicale camarilla, Anne Sinclair l'a toujours ainsi évoquée avec une affection sincère, se refusant à l'idée que l'on puisse sacrifier l'un de ses membres, au nom d'un principe de précaution qui n'a pas lieu d'être. Trop de choses ont été partagées depuis les années de braises, trop de secrets aussi et de sacrifices consentis. Il allait donc de soi qu'ils seraient tous du festin quand les grilles de l'Élysée s'ouvriraient, comme un rideau sur un nouveau décor, et que DSK composerait son équipe rapprochée : un premier cercle recomposé à l'identique sous les lambris du Château.

Une « bande » ? Plutôt, un « gang », pour l'auteur, anonyme, de *Cassandre*, cet ouvrage au vitriol édité en mars 2010, qui passe au laminoir un entourage mis à l'index, diabolisé. Ce terme – inapproprié et insultant, avouons-le – n'a jamais été digéré. Au point que les quatre conseillers visés déposèrent plainte contre la maison d'édition, Plon, avec le feu vert de DSK et d'Anne Sinclair. Qualifier de la sorte le premier cercle, c'est s'en prendre au régent et à son épouse, induire que ce petit cercle servirait les intérêts obscurs d'un clan mafieux. Alors en vacances au Maroc, l'éditrice de ce livre à charge, Murielle Beyer, reçoit un coup de fil incendiaire de Stéphane Fouks.

L'homme est touché dans son orgueil, blessé dans son honneur. La conversation est explosive et s'achève sur cette mise en garde sibylline : « Tu rentres à Paris quand ? Je n'ai qu'un conseil à te donner, fais attention à toi ! »

Épisode rarissime dans le petit monde de l'édition : le 21 décembre 2010, à la veille de Noël, la maison Plon voit débarquer une dizaine de policiers accompagnés d'un juge d'instruction. Venus chercher des éléments du contrat signé avec le mystérieux signataire de *Cassandre* – un document mis à l'abri de longue date, dans un coffre, chez un avocat –, les pandores fouillent les bureaux avant de repartir bredouilles. Toujours à l'instruction au printemps 2011, l'affaire devrait être jugée d'ici la fin 2012.

Le spécialiste des missions délicates (Ramzy Khiroun)

Magique : le bureau, agréablement meublé, donne sur la place de l'Étoile. Situé au dernier étage du siège du groupe Lagardère, rue de Presbourg, il sert de QG à l'homme fort, patron de la communication et lobbyiste, du maître des lieux, Arnaud Lagardère. Affable, rapide, véloce, le regard fixe et la parole rare – mais si dure, parfois –, Ramzy Khiroun est chez lui, « à Presbourg ». Communicant en chef de DSK, ce spécialiste des missions délicates, jusqu'alors salarié atypique de l'agence Euro RSCG, est parachuté à l'automne 2007 au sein cette grande maison (propriétaire, entre autres médias, d'Europe 1 et du *Journal du dimanche*), dont il est toujours le conseiller très écouté.

Un homme redouté aussi dans Paris, pour ses méthodes à la hussarde, ses propos à l'emporte-pièce et une culture du réseau raffinée. Car, si Arnaud Lagardère s'est offert les services de ce sniper habitué à frapper vite et fort, c'est que ses nombreux faits d'armes traduisent une efficacité reconnue. Ombre portée de DSK en France, Ramzy Khiroun n'a-t-il pas accompagné avec succès la carrière de l'ancien maire de Sarcelles, jusqu'aux portes du FMI ? En désamorçant les rumeurs, en écartant les goupillons et en organisant, si nécessaire, la riposte, d'un bureau transformé en « *war room* », il obtient ses galons et la confiance absolue de celui qui est aussi devenu l'un de ses plus proches confidents...

Un œil sur Strauss-Kahn, l'autre sur Lagardère : celui qui a mis au point, il y a de cela plusieurs années déjà, un moteur de recherche, afin de scanner toutes les informations relatives au premier diffusées sur Internet, s'est démené pour épauler le second, que des rumeurs, concernant ses affaires et sa vie privée, déstabilisent depuis 2008.

Ramzy ici, Ramzy là : invariablement, on l'a vu intervenir ces trois dernières années sur différents et délicats dossiers. Qu'il s'agisse des déboires du tennisman Richard Gasquet, un protégé d'Arnaud Lagardère embarqué dans une rocambolesque affaire de consommation supposée de cocaïne, des secousses d'EADS, dont le jeune industriel est un actionnaire périodiquement ballotté, ou des tentatives d'éviction du même dirigeant par l'un de ses actionnaires, décidé à l'abattre, à l'été 2009, Guy Wiser-Pratte. Chaque fois, Ramzy Khiroun est à la manœuvre, verrouillant la presse et organisant la résistance, non sans un certain succès.

Si bien que ce fidèle et précieux porteur d'eau affiche un palmarès plutôt reluisant. Dépositaire de nombreux secrets, à caractère privé ou stratégique, Ramzy Khiroun a su se rendre quasi incontournable. À force de s'employer depuis des années à colmater les brèches, à protéger dans l'ombre l'image de ses deux principaux « clients », dont il pourrait écrire sans mal le journal intime, l'homme s'est fait un cursus.

Et une image de bulldozer. « Tu diras à ton Lévy qu'il se calme », lance-t-il ainsi un jour dans la rue à l'un des proches collaborateurs du P-DG de Vivendi avec lequel Lagardère est en conflit depuis des mois, Jean-Bernard Lévy. Rien n'est laissé au hasard chez celui qui, en toute discrétion, pèse de tout son poids, en 2002, pour empêcher la publication, dans un ouvrage à paraître, *Erreurs avouées*, d'un chapitre écrit par l'écrivaine et journaliste Tristane Banon, qui affirme alors avoir été agressée sexuellement par Dominique Strauss-Kahn. Ce qu'elle dira quelques mois plus tard sur le plateau de Thierry Ardisson, après avoir accepté de biffer ledit passage dans son livre, sous l'insistante pression d'un Ramzy Khiroun qui menace l'éditeur d'un procès en diffamation. L'inconséquence de Tristane Banon dans cette affaire, dont les pas de deux semblent étranges, reste encore à ce jour un mystère…

Mais il arrive au précieux conseiller de se prendre les pieds dans le tapis. Il y a quelques années de cela, il se fait piéger par une équipe de télévision de Canal + en train de souffler dans l'oreille de DSK qu'il ne serait pas malhabile de franchir le seuil de la Fnac, devant les objectifs, afin d'aller acheter quelques CD pour son petit-fils, donnant ainsi l'image d'un grand-père attentionné.

Hors-champ et micro en marche, les caméras filment la scène, diffusée quelques jours plus tard sur Canal, au grand embarras de DSK.

Cette maladresse de communication, qui relève de la pure anecdote, n'a naturellement aucune conséquence, à l'inverse de l'affaire de la Porsche. C'est une simple photo diffusée dans la presse, le 3 mai 2011, montrant DSK, en compagnie d'Anne Sinclair, aux abords d'une Porsche Panaméra noire, un modèle quatre portes luxueux, qui en est à l'origine. Un cliché dévastateur, dont les certains médias se saisissent pour dénoncer les goûts de milliardaire du patron du FMI et de son épouse, ouvrant les vannes à un déferlement de commentaires et d'articles sur le patrimoine du socialiste de Washington en route pour la présidentielle.

Amateur de belles cylindrées, Ramzy Khiroun a cru bien faire en proposant au couple de jouer les chauffeurs au volant d'un bolide. «Tu aurais dû faire plus gaffe», lui souffla après coup DSK, dans un soupir. Comme si le patron du FMI s'adressait aussi à lui-même ce reproche...

Le disque dur de DSK (Gilles Finchelstein)

Il semble le plus policé, le plus sobre, le plus dépouillé d'attitudes, le moins opaque de la « bande ». Au revers, pourtant, c'est un bloc de granit vernissé d'une épaisse couche de diplômes (Sciences Po, l'ENA...), qui lui confère un air d'intellectuel éclairé, au look d'étudiant attardé. Disque dur de DSK, Gilles Finchelstein entre en « strausskahnie » lorsque son maître à penser tient les rênes de Bercy, sous l'ère Jospin. Responsable des études d'opinion chez Euro RSCG, directeur de la fondation Jean-Jaurès, un *think tank* proche du PS qu'il dépoussière, et compagnon de croisade des deux premiers, il est celui qui mouline les discours, débite des notes au kilomètre et aligne les préconisations : un scribe infatigable, tout à la fois boîte à idées et champion du « quali » et du « quanti », dont les journées consistent à peaufiner les argumentaires et l'image d'un présidentiable pour qui il se dépense sans compter.

Gamberger, ça, Finchelstein sait faire. Cette tête chercheuse maîtrise comme personne le Strauss-Kahn dans le texte, pour lequel il adapte ses contributions écrites à la situation du moment, d'un style tantôt corseté, clinique ou philosophique, tantôt familier, polémique ou en piqué. Des souris, à l'inverse de son client, il ne connaît que celle de son clavier d'ordinateur sur lequel il peut s'endormir. DSK ? « Je suis son sparring-partner de confiance. Je challenge tous ses arguments. Je lui donne des éléments pour objectiver sa pensée », confie-t-il à *Libération* en mai 2011.

À l'époque, et depuis plusieurs semaines, on le voit peu à peu s'insinuer sur les plateaux de télé, où il est regardé et écouté avec la curiosité appuyée que l'on peut porter à un homme qui sera peut-être demain le Jacques Attali – l'ancien sherpa et conseiller de François Mitterrand – de Dominique Strauss-Kahn, à l'Élysée. Et ce n'est pas un hasard s'il accepte les invitations, s'amusant de l'intérêt soudain qu'on lui porte, à lui, un homme de l'ombre.

Voilà pour le versant Wikipédia. Côté cour, l'homme est un moine-soldat dévoué corps et âme. Car lui aussi est de tous les coups de grisou et des départs sur les chapeaux de roue, direction Orly ou Roissy, quand DSK ou Anne Sinclair tire la sonnette d'alarme ou exige que l'un de ces urgentistes se rende sur un lieu d'accident. C'est ainsi que Gilles Finchelstein prend un vol en catastrophe pour Washington quand notre « serial séducteur » trébuche en 2007, happé par l'affaire Piroska Nagy, du nom de cette jeune femme d'origine bulgare, dont DSK fut l'amant. Sur place, notre professeur Nimbus s'échine à fournir à l'ancien patron du FMI suffisamment d'arguments pour convaincre les enquêteurs du Fonds monétaire de sa bonne foi : une contribution roborative et efficace.

Le temps des médias n'est pas le temps du politique... Début mai, Gilles Finchelstein publie un essai dans lequel il déplore ce qu'il appelle « la dictature de l'urgence »[6], et où il brocarde les emballements médiatiques d'une société

---

6. *La Dictature de l'urgence*, Fayard, janvier 2011.

de l'instantané, qui aurait perdu le goût de l'explication et du temps long. Et il ajoute dans son propos vouloir réhabiliter le long terme, restaurer la légitimité du politique et abolir la dictature de l'immédiateté. Un noble dessein et une profession de foi pour le moins prémonitoire. Car, quelques semaines plus tard, c'est bien dans une bourrasque médiatique que celui à qui il conseillait de laisser « du temps au temps » – maxime mitterrandienne – se fera happer, puis emporter, après que la presse, prise d'un emballement jamais vu en France, l'eut essoré à la vitesse de l'éclair !

La gardienne du temple strauss-kahnien (Anne Hommel)

Reste, dans cette galerie de portraits, un dernier personnage, tout aussi discret et effacé, mais omniprésent : Anne Hommel. Cette jeune femme de 37 ans est la gardienne du temple strauss-kahnien, dans l'agence de communication Euro RSCG, dont elle est également une salariée à part, hors cadre. Ayant noué au fil des ans une relation quasi filiale avec le couple, elle est inévitable quand il s'agit d'approcher l'un ou l'autre. C'est elle qui gère l'agenda, piste les journalistes trop pressants, filtre les demandes d'interviews et accompagne Anne Sinclair ou Dominique Strauss-Kahn dans les déplacements où une protection s'impose. Lors de notre premier entretien avec Anne Sinclair, place des Vosges, le 16 novembre

2010, elle était là, balayant du regard celle pour qui elle est aussi une épaule et un soutien sans faille.

Ainsi, c'est Anne Hommel qui s'envole, seule, aux côtés d'Anne Sinclair, direction New York, quand l'affaire éclate et que l'épouse de DSK, comme emportée dans une centrifugeuse, ne sait plus à quel saint se vouer ni vers qui se tourner. Ensemble, elles sillonnent Manhattan en quête d'un appartement pour DSK. Ensemble, elles rencontrent ses équipes d'avocats, qu'il a fallu mobiliser. Avant des retrouvailles douloureuses avec Camille, la fille de Dominique. Inconsolable, Anne Sinclair engloutit alors son chagrin dans les étreintes de celle qui aura été de toutes ses épreuves, la protégeant de sa jolie silhouette quand, à l'approche du tribunal de police de New York, la rue n'est qu'un champ d'objectifs et de caméras de télévision. Il y a quelques mois de cela, Anne Hommel, en journaliste qu'elle n'a jamais cessé d'être, réfléchissait à la rédaction d'un essai sur les relations comparées du pouvoir et de la presse en France et aux États-Unis. Un vaste sujet que l'actualité vient de rendre terriblement opportun et sur lequel elle aura beaucoup à écrire, le jour venu. Mais l'intéressée donnerait sans doute beaucoup pour écrire un tout autre essai...

11

À la tête du FMI

« C'est une sorte de roi du monde. » Fidèle premier lieutenant de DSK, Jean-Christophe Cambadélis n'est pas avare de superlatifs quand, le 1er novembre 2007, Dominique Strauss-Kahn embrasse les fonctions de directeur général du Fonds monétaire international. Avocat d'affaires et député du Val-d'Oise il y a quelques jours encore, il quitte ses appartements bourgeois de la rue de la Planche, à Paris, situés à deux pas de l'hôtel Matignon, pour Washington. Le voilà désormais installé au douzième étage d'un immeuble cossu, qui voisine avec celui du siège de la Banque mondiale et, à quelques centaines de mètres plus loin, avec la Maison Blanche. Patron du FMI, DSK joue désormais dans la cour des très grands et le voir côtoyer le secrétaire général de l'ONU, Ban Ki-Moon, ou le président de la Banque mondiale, Robert Zoellick, illumine Anne Sinclair, qui n'est pas étrangère à l'atterrissage de son époux dans la capitale américaine...

Une estrade à l'échelle du globe

Si l'ex-star de TF1 a vécu tous les aléas d'une vie politique en dents de scie, de ses différents revers électoraux à sa démission de Bercy, en passant par le choc des « affaires », elle a aussi accompagné ses renaissances. Et au moment d'envisager un poste à la tête du FMI, c'est vers elle qu'il se tourne une nouvelle fois, n'imaginant pas franchir ce pas sans son avis. Après avoir longuement écouté la totalité de ses conseillers, afin de se forger une première opinion sur la question, celui qui s'apprête alors à abandonner tous ses mandats politiques en France se rend à l'arbitrage de celle qui jardine sa carrière en coulisses.

Or, Anne Sinclair va l'encourager : percevant dans ce poste bien plus qu'une simple tribune, mais un relais, un tremplin pour la suite, elle dit son approbation : « N'hésite pas, fonce ! » L'institution créée en 1944 a beau être vieillissante et empoussiérée, si Dominique parvient à la transformer, il peut en faire un levier et un instrument de conquête comme nul autre. En bon politique et sans ménager le moins du monde sa peine, DSK mène alors une campagne au pas de charge (130 000 kilomètres avalés en un mois !) pour conquérir le poste. Visitant un à un les pays susceptibles d'appuyer sa candidature, en l'occurrence quelques États émergents comme le Brésil ou l'Inde – des laissés-pour-compte des grandes institutions internationales –, il réalise un parcours sans faute. Accessoirement, il le sait, ce poste va lui rapporter près d'un demi million de dollars par an, mais ce n'est naturellement pas cela qui le motive, loin s'en faut. Son ambition va au-delà : le FMI est une estrade à l'échelle du globe et le plus beau des bristols.

Mais à peine brigue-t-il ce mandat que le jury qui doit examiner sa candidature s'interroge déjà : personnalité en vue de l'establishment en France, Dominique Strauss-Kahn est-il assuré de rester à ce poste jusqu'au terme de son quinquennat, quand d'aucuns affirment qu'en son for intérieur, il vise en fait l'élection présidentielle française de 2012 ? C'est la main sur le cœur que l'intéressé balaie ces rumeurs : « Des chimères, clame-t-il. Cette tâche nécessite au moins un mandat de cinq ans, sur lequel je m'engage devant vous. » DSK candidat contre Nicolas Sarkozy dans cinq ans ? Strauss-Kahn, qui n'est pas homme à se ligoter, à s'enfermer dans des schémas tout faits, n'écarte aucune hypothèse. Et il voit loin.

Dans son panthéon politique personnel, relève *Le Point* à cette époque, figure le président Bartlet, héros de la série américaine « The West Wing », dont lui et Anne Sinclair dévorent les épisodes en DVD : un démocrate charmeur et débonnaire grand amateur d'échecs et... professeur d'économie. Tout un destin.

Alors que DSK se plonge avec délices dans les affres d'une crise financière, qui secoue la planète et aiguise ses neurones, Anne Sinclair tient en archiviste méthodique la carrière de l'homme qu'elle aime. Or, à cette date, qui voit les places financières se cabrer puis se consumer et le monde entier basculer dans la crise la plus grave que l'on ait connue depuis le krach de 1929, elle est sans doute la seule à imaginer le coup d'après. À zapper cette étape américaine pour se projeter sur une échéance politique, qu'elle envisage comme le dénouement d'une œuvre inachevée et dont elle aura été un peu l'architecte.

Washington

En attendant, direction Washington et une jolie maison de briques rouges. C'est dans une petite impasse de Georgetown, un quartier historique huppé de la capitale fédérale américaine où vécurent John et Jackie Kennedy, que DSK et Anne Sinclair élisent domicile. Une grande bâtisse cossue avec piscine, dont on trouve l'adresse sur Internet, avec en prime le prix d'achat : 4 millions de dollars. Un bien immobilier qui vient compléter un patrimoine béton. Le mètre carré dans les immeubles Louis XIII de la place des Vosges avoisine les 20 000 euros et la propriété marocaine ressemblerait, selon un invité occasionnel, à un « palais de maharadjah ».

Ces détails publiés dans la presse dès 2007 amorcent une question qui pointe alors à l'horizon et n'en finit pas d'attiser la curiosité, de tarauder les observateurs : la provenance de cet argent qui dégouline et permet au couple star de Washington de disposer d'un train de vie princier. Anne Sinclair – dont on ne connaît pas encore, à cette date, l'histoire dans ses détails patrimoniaux – serait-elle à ce point riche qu'elle subviendrait à toutes les dépenses d'un DSK menant grand train ?

C'est en tout cas l'époque où on le voit fréquenter le même coiffeur qu'Hillary Clinton et John Kerry et s'habiller chez l'un des tailleurs les plus cotés de la ville, George de Paris, un établissement où DSK se fait confectionner des costumes sur mesure de plusieurs milliers de dollars, à l'instar de tous les présidents américains, depuis Lyndon Johnson jusqu'à Barack Obama. À chaque allusion sur l'état exact de sa fortune, Anne Sinclair, jusqu'à ces tout derniers mois, a pour règle de se murer dans un épais silence : ne filtrent de ses lèvres pincées, à la manière d'un ventriloque, que deux mots en forme de non-recevoir : «Vie privée !»

Et la vie s'organise. Celle d'une femme attentive et omniprésente, dont le quotidien prend un tour binaire : une heure DSK, une heure les siens, cette tribu qu'elle surveille de loin en loin, comme un marin isolé en haute mer qui prendrait ses quarts de manière métronomique au rythme des décalages horaires… Profitant de sa position d'épouse du patron du FMI, elle se joint à ses bagages et fait le tour des grands de ce monde. Chacune de ces longues virées à travers le globe est l'occasion de rencontres rares. Ainsi se souvient-elle de l'instant où, déambulant dans l'immense galerie de Buckingham Palace, lors du G20 d'avril 2009, elle tombe nez à nez sur Barack et Michelle Obama : «*I am Barack Obama*», lui lance le président américain, en lui tendant la main, reconnaissant l'épouse du patron de FMI. «*Yes, I know*», répond Anne Sinclair, qui confie avoir été prise un peu au dépourvu, avant d'entamer un début de conversation avec le couple présidentiel américain.

Ces multiples voyages sont l'occasion pour elle de vérifier combien l'homme qui est assis à ses côtés continue de la fasciner. DSK, qui a commencé à apprendre l'arabe rue de la Planche, à Paris, avec un professeur de l'École des sciences politiques, entretient ces premiers acquis durant ces longs trajets en avion, en lisant la presse des Émirats. Et quand la lassitude lui vient, il se réfugie immanquablement dans ses fameux calculs d'algèbre, qui le voient jongler d'une équation à l'autre : une diversion qui vaut tous les mauvais romans.

Les pieds dans le Paf

Ostensiblement à ses côtés en public, Anne Sinclair se fait plus discrète, effacée même, en revanche, quand les caméras s'approchent et que démarre l'exercice classique de l'entretien télévisé. Elle qui connaît, mieux que quiconque, le métier de journaliste s'impose alors une obligation de réserve absolue, quand une équipe de télévision vient interroger DSK. C'est notamment le cas à Washington, pour France 2, en février 2009. Longuement questionné par Arlette Chabot, le patron du FMI n'échange pas un mot avec son épouse avant de démarrer. Et pas plus, une fois l'exercice achevé. Contrairement à Bernadette Chirac, qui complimentait son époux en public, au terme de l'une de ses prestations télévisées, ou à Carla Bruni, qui qualifie, un jour, en aparté devant des proches, de « petit con » David Pujadas, en raison d'une question qu'il vient de poser à Nicolas Sarkozy sur le financement de sa campagne de 2007, Anne Sinclair ne s'autorise aucun commentaire, aucune critique. Du moins en public. À l'abri des regards, dans l'intimité de leurs tête-à-tête, elle livre ses verdicts et prononce ses sentences, de manière rarement édulcorée. DSK en fait l'amère expérience lors de son échec aux primaires du parti socialiste en 2007. «Arrogant», «pontifiant», «sentencieux», Anne Sinclair ne ménage pas celui que le PS vient d'humilier, de surcroît, en faisant état de la découverte au fond d'un tiroir d'une clé USB, négligemment oubliée par DSK, sur laquelle figure un catalogue de propositions en vue de l'élection présidentielle... Une colère d'autant plus franche que c'est elle qui l'a encouragé à se lancer dans la bataille, jusqu'à la financer entièrement de ses propres deniers. Déjà, elle était son œil, son oreille et... son portefeuille.

Mais si Anne Sinclair s'interdit tout commentaire en public, cela ne veut pas dire pour autant qu'elle se désintéresse du paysage audiovisuel français. Au contraire. Lors de nos entretiens, elle pointe ainsi du doigt la pauvreté du traitement de la politique sur les chaînes françaises, l'absence d'une émission dédiée sur TF1 et leur raréfaction sur France Télévisions. Comparé à la déferlante de rendez-vous sur les chaînes américaines, qu'elle dit dévorer avec passion, elle juge le Paf bien famélique, un univers «en voie de vitrification».

N'en doutons pas : Anne Sinclair, première dame de France, à l'Élysée, aurait eu le nez pointé sur un paysage audiovisuel, dont elle connaît le personnel et les arcanes comme nulle autre. Un secteur dont elle aurait ainsi discrètement réorganisé les équipes et les contours, impulsant en coulisses des réformes jugées inévitables… À en croire les nombreux messages qu'elle recevait depuis quelques mois sur son portable, émanant de journalistes et de professionnels de l'audiovisuel qui se rappelaient soudainement à sa mémoire, la perspective de la voir s'intéresser de très près à ce secteur était prise au sérieux.

L'autre critique et vive inquiétude d'Anne Sinclair porte, ce jour-là, sur les dérives d'un monde soumis, dit-elle, à la « tyrannie de la transparence ». Ce « despotisme démocratique » (Tocqueville) exigé par une société qui veut que toute l'existence des hommes publics soit soumise au tribunal de l'opinion. « Cette dérive n'est pas seulement inquiétante, parce qu'elle abolit la notion même de vie privée, mais elle est affligeante parce qu'elle nous détourne des tragédies du temps. » À petites affaires, grands effets, aurait pu ajouter celle chez qui l'on peut lire derrière les persiennes : nous feignons de pourchasser, en moralistes, les turpitudes des hommes publics, mais, à la vérité, c'est pour mieux nous repaître, en voyeurs, de leurs secrets d'alcôve. Cette société, règne de l'inquisition, Anne Sinclair dit s'en défier. Terrorisée, sans l'avouer, à l'idée que 2012 puisse être l'année d'un grand déballage et d'une grande traque, elle attise une question à laquelle elle n'a pas de réponse : le meilleur des hommes n'existant pas, comment vivre avec un tel cauchemar ?

Heureusement, il y a « Lapin », son fils David : né de son premier mariage avec Ivan levaï et baptisé ainsi, lors de l'écriture de son premier livre, *Une année particulière*, ce dernier, âgé aujourd'hui d'une trentaine d'années, vit et travaille à Washington. Sa seule évocation fait palpiter sa mère. « S'il y a quelque chose qui me comble, qui me sert de socle et fait toute ma fierté et mon orgueil, c'est bien ma famille », s'épanche-t-elle ainsi au début de ce printemps 2011, toujours, quand elle évoque les années sombres. « Mamita » adore sa tribu, laquelle n'a cessé de grossir au fil des années. Elle ne laisse pas passer un mois sans venir à Paris voir ses cinq petits-enfants par alliance, Samuel, Mathias, Étienne, Émilie et Lucie, la progéniture des deux aînés, nés de la première union de Dominique Strauss-Kahn. Ainsi recomposée, cette famille, s'est enrichie, début mai 2011, d'une nouvelle pousse : c'est avec un sourire radieux qu'elle nous annonce la nouvelle.

Superman de la finance mondiale

L'épopée washingtonienne tient aussi ses promesses. Le sommet du G20 du 2 avril 2009 signe le sacre absolu de DSK. Affolés par les ravages d'une crise devenue folle, les dirigeants des principales puissances de la planète s'en remettent ce jour-là au patron du FMI, dont l'organisme se voit doter d'une coquette enveloppe de 1 000 milliards de dollars. À lui, la mission d'éteindre l'incendie, à DSK de sauver la planète d'un désastre annoncé. Pouvait-on rêver meilleure nouvelle, pareil miracle et plus belle catastrophe?

Le monde s'écroule et Dominique Strauss-Kahn est au firmament! Auréolé, dans son beau costume de Superman de la finance mondiale, pour le rôle clé qu'il joue alors dans la résolution de cette crise jamais vue, le locataire du FMI n'a plus qu'à encaisser, le moment venu, les agios de ses interventions au chevet de pays au bord de la banqueroute.

À Paris, certains de ses thuriféraires se mettent même à rêver d'un DSK nobélisable : de la roupie de sansonnet pour Anne Sinclair qui gère déjà l'après-FMI – un simple tour de chauffe à ses yeux – et l'image d'un candidat virtuel à l'élection présidentielle, dont elle entend être le pygmalion, même si elle récuse définitivement le terme. «Dominique décide, Dominique est libre, Dominique est souverain.» Mais pas seul à décider...

Or, les deux «expats» de Washington n'ont guère l'intention de faire de vieux os dans la capitale américaine. Le couple, qui ne fréquente pas la communauté française, évite les soirées mondaines et fuit tout ce qui ressemble de près ou de loin à un correspondant d'un grand média français. Seuls quelques lieux, (restaurants ou brasseries) fréquentés par le Tout-Washington – le Morton et le Café Milano, leurs deux principaux QG –, ont les honneurs de DSK et de madame. Une tranquillité d'autant plus appréciée que personne ne s'arrête dans la rue sur le passage du premier, personnalité inconnue du grand public, même depuis sa liaison en 2009 avec l'économiste hongroise du FMI, Piroska Nagy.

Même discrétion pour Anne Sinclair, qui vit recluse dans le nid qu'elle s'est constitué à Georgetown. Entre deux voyages-FMI au bout du monde, elle butine sur son blog, qui lui sert tout à la fois de journal de bord, de tribune libre et de tisonnier, quand l'envie lui prend de faire une brève incursion dans le débat politique français, où elle plante quelques banderilles. Le reste du temps, elle s'offre quelques escapades à New York, où elle préside l'Association de développement de Sciences Po, et des sauts de puce du côté de la place des Vosges, où elle s'en va recharger ses accus auprès de Rachel Kahn et Élisabeth Badinter, ces amies fidèles avec qui elle échange des potins et prophétise le retour de Dominique au premier plan. Le reste du temps, elle se raccroche aux branches d'une famille qui l'épanouit.

Une blogueuse engagée

Elle croyait connaître la solitude, elle réalise, au fil des mois, qu'elle n'en éprouvait qu'une vision édulcorée : Washington est un « trou », et les pince-fesses de M. l'ambassadeur des mouroirs qui n'ont rien à envier aux « fêtes de la Rose de Trifouillis-les-Oies », ces traditionnelles corvées de femmes d'hommes politiques, qu'elle se disait ravie d'être enfin débarrassée en s'installant aux États-Unis. Trois ans plus tard, elle donnerait un pont d'or pour assister aux vins d'honneur de la mairie de Sarcelles et sillonner les marchés de cette cité du Val-d'Oise, à la chasse aux électeurs. Las de cet exil doré ! Elle ferait tout pour s'éloigner de cette capitale aux rites provinciaux, dont elle ne partage pas le mode de vie et que fuit DSK au premier sommet venu.

L'un des signes qui illustrent cette difficulté qu'elle éprouve à endurer cet éloignement est le blog qu'elle tient alors méthodiquement. Internet, ce confort : de son bureau à Washington, elle aligne des « post », comme les maillons d'une chaîne qui traverserait l'Atlantique, où elle décrypte la vie politique américaine, analyse l'élection, puis les premiers pas de Barack Obama et étrille l'égérie du Tea Party, Sarah Palin, dont elle a fait sa bête noire. Des zakouskis, pourtant, pour celle qui garde un œil particulièrement attentif sur les méandres du Parti socialiste français et les soubresauts de la présidence de Nicolas Sarkozy, un dirigeant politique qu'elle a pris pour habitude de cibler à fleuret moucheté, dès que l'occasion s'en présente.

Car, si dans le couple Strauss-Kahn–Sinclair, monsieur en dit le minimum, madame distille. Pendant que DSK sillonne la planète, en SAMU de la finance, d'Athènes à Dublin, dans des jets privés semblables à des fourgons de la Brink's, l'ex-vestale de TF1 égrène ses réflexions, offrant chaque jour ses impressions sur la vie à Washington. Ou d'ailleurs… Un « ailleurs » qu'elle géolocalise et qui se résume à un périmètre plutôt restreint, à l'épicentre duquel est situé un palais : l'Élysée !

L'une des plus belles piques qu'elle réserve à Nicolas Sarkozy, depuis son installation à Washington, remonte au 31 mars 2010, lors de la visite du président français au locataire de la Maison Blanche : délibérément sarcastique, l'ancienne journaliste relève la petite phrase prononcée par Barack Obama en réponse au discours de Sarkozy, à la Maison Blanche : «J'écoute Nicolas tout le temps. Je n'arrête pas de l'écouter…» «Parce qu'il est trop bavard?», complète Anne Sinclair, dans ce billet où elle se gausse alors de l'empressement du chef d'État français à vouloir, coûte que coûte, déjeuner, ou dîner, en tête à tête avec le président américain. Ce dont la presse de Washington se contrefiche, ajoute-t-elle, quand les journaux français en font des gorges chaudes, achève-t-elle, vacharde…

Mais la journaliste au sang vif retrouve très vite ses accents militants, cette «sensibilité de gauche» qu'elle portait toute jeune en pieuse bandoulière dans ses années Mitterrand. Sainte relique. Il ne faut alors pas grand-chose, en effet, à Anne Sinclair pour réenfourcher son cheval de bataille et renouer avec son tempérament de franche opposante.

L'occasion lui en sera donnée en janvier 2010, quand elle raconte, sur son blog, son parcours du combattant pour renouveler ses papiers d'identité. «Être français, est-ce une chance ou une punition?» s'insurge celle qui ne décolère pas et qui s'avoue consternée : «J'ai sans doute commis l'erreur d'être née hors de France.» L'incident est une aubaine et l'épouse du patron du FMI a alors beau jeu de dénoncer les méandres d'une bureaucratie française,

royaume de Courteline, de stigmatiser une administration tatillonne et des tracasseries qui la renvoient à son
lointain passé : quand, jetée sur les routes de l'exil, la
famille Schwartz, devenue apatride, fuyait un pays occupé.
La France de 2010 n'est naturellement pas celle de 1942,
mais tout ce qui s'apparente, de près ou de loin, à ce qui
lui paraît être une forme d'exclusion la fait immédiatement sortir de ses gonds. Savent-ils, ces fonctionnaires
de l'état civil qui exigent de sa part qu'elle montre patte
blanche, qui elle est vraiment ? « Il fut un temps où l'on
me fit l'honneur de me demander d'être Marianne »,
d'incarner le symbole d'une nation qui exige maintenant qu'elle justifie de sa nationalité, écrit-elle à l'époque
sur son blog...

L'anecdote peut paraître anodine, mais elle reflète
pourtant l'état d'esprit d'une femme engagée, d'une
épouse en première ligne, sanglée de convictions et décidée à ne jamais rien concéder.

Et quand Anne Sinclair a épuisé un thème de bataille,
elle en butine un autre, déniché chaque fois en lisière de
l'actualité politique française, ce champ qu'elle s'autorise à investir et à commenter de plus en plus fréquemment, au fil des semaines de cette année 2011. Comme si
l'heure de rentrer de plain-pied dans l'arène parisienne
était venue et que 2012 n'était qu'à un jet de pierre. Car si
DSK a choisi le silence, c'est pour mieux laisser opérer son
épouse en éclaireuse. Si le patron du FMI s'impose une
jugulaire, c'est parce qu'il sait qu'Anne livre pour lui, et
par procuration, un combat souterrain. Piochant dans ses

panières, où s'entassent quelques nobles causes – Code de la nationalité, identité française, place de la femme dans la société, intégration des minorités visibles, évolution du temps de travail... –, elle trouve toujours et sans mal un nouvel angle d'attaque, au prix moralement imbattable. Mois après mois, chacune de ses contributions est alors scrutée, soupesée, disséquée à Paris, où journalistes et politiques font de l'exégèse.

Derrière Anne Sinclair, c'est la pensée de DSK que l'on traque et autopsie. Derrière ce visage tout en courbes douces, c'est le masque marmoréen de DSK que l'on devine. Partisans et adversaires de Strauss-Kahn, cet « oncle d'Amérique » que les ténors du PS observent avec un mélange de dévotion, d'agacement et de jalousie, pistent ainsi chez son épouse chaque sous-entendu ou into-nation qui viendrait éclairer leurs lanternes. Si beaucoup comprennent à cette date qu'Anne Sinclair est le premier jalon d'un DSK en précampagne, peu discernent encore le poids véritable et considérable de cette maîtresse-femme aux multiples casquettes qui tient à bout de gaffe le destin d'un mari en piste pour l'Élysée : une épouse devenue, au fil du temps, tout à la fois ministre des Finances, agent de liaison, directeur politique, avocate, chef de tribu, géné-ral de l'Armée du Salut et première communicante d'un homme aimé, mais sous affectueuse tutelle...

Car il n'y a pas grand-chose à tirer de celui qui tient en haleine journalistes et politiques, ce microcosme en apnée à qui Strauss-Kahn ne lâche rien, sinon des miettes. Le « cas DSK », qui vire au casse-tête, plonge des médias perdus en interprétations et en conjectures dans un doute abyssal. Dominique Strauss-Kahn sera-t-il candidat à l'élection présidentielle de 2012? Demandez-le donc à son épouse! Chacun a beau tenter de faire l'inventaire des petites phrases d'un Dominique Strauss-Kahn, qui ne s'attarde pas quand il franchit l'océan, rien n'affleure vraiment à la surface de ses propos. Chacun de ses passages à Paris est l'occasion d'un jeu de cache-tampon pour celui qui a pris l'habitude de balader son monde.

En politique, les absents n'ont pas toujours tort : hermétique et lointain, cultivant la rareté, l'homme du FMI, qui ne s'exprime qu'avec parcimonie devant micros et caméras, s'efforce d'en dire le minimum, obligeant les observateurs à décrypter ses silences. L'un de ses derniers détours par Paris remonte à février 2011, l'occasion d'une courte réunion des ministres des Finances du G20. Deux jours de conciliabules au sommet, à l'abri des curieux, sans qu'aucune confidence ne filtre quant à l'état exact de sa réflexion sur ses ambitions futures… Juste ces quelques mots, le regard plissé, le sourcil levé en circonflexe, pour que la phrase prenne tout son poids et sa saveur : « De là où je suis, la France, c'est loin et c'est petit. Ce qui ne veut pas dire que je me désintéresse de mon pays. » Quelques mots qui suffisent à instiller de nouveau le doute. Comme s'il était au bord d'une révélation foudroyante. Comme si l'annonce tant guettée d'une éventuelle candidature avançait en tapinois. Sûr de son effet, DSK sait alors que, grâce à la chambre d'écho d'une presse aux abois, ce petit pétard fera demain sans doute une jolie bombe à la une des journaux, où chacun en est réduit à scruter la variation du tour de taille du couple washingtonien pour y déceler le moindre signe d'une mise en jambe. La première balise annonçant le retour prochain de M. et Mme Strauss-Kahn aux affaires. Maigre butin.

12

Candidat... ou presque

« J'ai lu dans plusieurs journaux français que la réélection de Dominique serait assurée à la tête du FMI. Pour ce qui me concerne, je ne souhaite pas qu'il fasse un second mandat. » Cette petite phrase de la femme du président du Fonds monétaire international, prononcée le 9 février 2011 dans les colonnes du *Point*, ne fait pas que relancer, une nouvelle fois, les spéculations quant à une éventuelle candidature de Dominique Strauss-Kahn à l'élection présidentielle française, elle fait cette fois-ci l'effet d'une vraie bombe. Car personne ne s'y trompe : le directeur du FMI, qui ne peut s'exprimer à ce sujet avant la fin de son mandat à la tête de l'institution financière, en novembre 2012, vient d'envoyer au feu Anne Sinclair. N'est-elle pas son premier viatique en politique ? C'est elle qui balise désormais la route, comme le souligne alors l'un des lieutenants de DSK, Jean-Christophe Cambadélis, qui estime que cette déclaration peut être interprétée comme un « petit caillou blanc » de plus sur le chemin de la présidentielle.

Un caillou blanc ? Une piste d'atterrissage ceinturée de plots luminescents, plutôt. Tout s'est décidé dans l'intimité du cercle rapproché de DSK, où chacun des mots d'Anne Sinclair a été soigneusement pesé, avant qu'elle ne les assemble sous la forme de ce qui s'apparente fort à un communiqué ministériel : le premier faire-part officiel du candidat DSK sorti de la bouche de celle dont on scrute depuis plusieurs mois la moindre des sorties. L'objectif est alors double : il s'agit d'endiguer la chute dans les sondages du candidat virtuel, une érosion due à l'agacement des sympathisants de gauche, qui ne comprennent pas les tergiversations de leur poulain. Et de calmer les ardeurs des autres ténors du PS, qui piaffent dans leurs starting-blocks à l'idée d'endosser ce titre de candidat à l'élection de 2012 promis à un DSK dont les silences leur redonnent à nouveau des ailes. Retour aux box ! En sortant pour la première fois de sa réserve, l'épouse de « l'imam de Sarcelles » fait avancer d'une case sur l'échiquier de la présidentielle celui qui semble pourtant toujours hésiter. De Delors, François Mitterrand disait : « Il ne veut pas être élu, il veut être nommé. » Le directeur du FMI rêve-t-il d'un plébiscite qui lui permettrait d'échapper à ces primaires qu'il envisage avec si peu d'enthousiasme ? Les marigots du PS et ses parties de ball-trap ne sont plus de son âge, ni de son rang. Et la perspective d'une guerre fratricide avec ses compagnons de route l'épuise par avance. L'Élysée l'attire, mais le FMI lui va : l'un est une arène à ciel ouvert cerné de projecteurs qui vous pistent, l'autre une villégiature cossue pour globe-trotters fortunés. Pas de paparazzi en planque ni de déjeuners avec des journalistes à l'affût : inconnu de l'homme de la rue – jusqu'à ses frasques extraconjugales, en 2008 –, il peut vaquer à ses occupations sans avoir le sentiment de sentir dans l'encolure l'haleine d'un inspecteur des Renseignements généraux en mission...

Les oreilles de l'Élysée

DSK est-il parano ? Non, informé. Ses contacts dans la magistrature, à Paris, lui ont confié que des magistrats proches de l'UMP accumulent des éléments, relevant essentiellement de sa vie privée, susceptibles d'être utilisés contre lui, le moment venu. Boutefeu et sniper de la droite, Frédéric Lefebvre s'aventure même un jour à évoquer l'existence d'informations compromettantes (photos à l'appui), avant que l'Élysée n'oblige ce cacique de Nicolas Sarkozy à faire machine arrière. Une confidence maladroite, qui vient pourtant confirmer les craintes du directeur du FMI.

L'Élysée, bien plus que les médias, n'ignore rien de la vie privée de Dominique Strauss-Kahn. L'intéressé a toujours eu une vie privée débridée. C'est une litote. Parce que le pouvoir politique sait tout des bas-côtés des hommes politiques, dont il tient le registre des écarts, il distille ses informations dès que l'envie lui en prend. C'est ainsi que l'entourage de Nicolas Sarkozy laisse s'échapper dans la presse, début 2011, en direction du journal *Le*

Monde pour être précis, une note rédigée peu avant l'élection présidentielle de 2007 – époque à laquelle Nicolas Sarkozy était ministre de l'Intérieur et… des écoutes –, indiquant que DSK a été aperçu, à l'occasion d'un banal contrôle de police, dans l'un des hauts lieux de la prostitution parisienne, situé à l'Ouest de la capitale.

Évincé de la primaire du PS quelques mois auparavant, DSK ne représente plus aucun danger pour la droite, si bien que ce mystérieux document à charge est remisé… Jusqu'à ce qu'il refasse étrangement surface quatre ans plus tard : soigneusement conservé sous clés, il déboule dans les rédactions, au moment où DSK décolle dans les sondages…

Car elles tournent, elles tournent, les rumeurs. Et elles ne datent pas d'hier. En mai 2009, lors du G20 de Pittsburgh, DSK prend Nicolas Sarkozy entre quatre yeux pour lui dire son agacement face aux rumeurs colportées dans Paris par sa « clique » à l'Élysée. « Assez des ragots ! » tempête le patron du FMI, qui dit ne plus accepter cette campagne de dénigrement. PV de police, photos compromettantes, duplicata de main courantes déposées par des jeunes femmes supposées agressées : il est vrai que, dans le premier cercle du chef de l'État, on ne lésine pas pour « plomber » une éventuelle candidature de DSK à la présidentielle de 2012. Homme à femmes il est, homme à femmes il demeure, mais ces prétendues liaisons n'autorisent pas des opérations de basse police, s'insurgent certains strauss-kahniens, qui menacent alors, eux aussi, de balancer des goupillons sur Nicolas Sarkozy.

Quelques jours seulement avant que n'éclate l'affaire du Sofitel, les services de la DCRI, que dirige un fidèle du chef de l'État, Bernard Squarcini, lancent en direction de certains organes de presse une rumeur évoquant la participation de DSK à une soirée très privée, et très déshabillée, dans un appartement des beaux quartiers de la capitale. Toujours sous le sceau de la confidence...

De quoi devenir parano : déjeunant, le 28 avril 2011, avec des journalistes de *Libération* dans un restaurant parisien, le patron du FMI explique qu'il ne tient pas à ce que les portables restent sur la table. Lui-même a laissé les siens au vestiaire et ne conserve sur lui que l'appareil crypté fourni par le Fonds monétaire. « On n'est jamais trop prudent... »

DSK le sait : c'est bien une campagne nauséeuse qui l'attend. L'un de ses fidèles, François Rebsamen, l'a d'ailleurs un jour résumée d'une phrase, en le mettant amicalement en garde : « Elle sera très dure. Et il te faudra être solide, résister sur tous les plans, y compris familialement. » C'est là tout le problème. DSK aime les défis, mais seulement ceux que l'on peut relever. Revenir le démange, mais les conditions de son *come-back* l'inquiètent. D'autant que celui-ci comporte, on le voit bien, de très nombreux aléas. Dominique Strauss-Kahn ne manque pas une occasion pour dresser l'inventaire des pièges qui le guettent et des chausse-trappes qu'il devine. Il sait que l'origine de son train de vie et la fréquence, comme la nature, de ses pérégrinations amoureuses – dont certains, pense-t-il, tiennent la comptabilité au sein d'officines attenantes à l'Élysée – sont autant de bombes à retardement. Or, si son épouse a démarré un livre sur sa famille afin de désamorcer le premier sujet, il ne se voit pas écrire un essai philosophico-amoureux pour purger le second ! Galéjade, bien sûr.

Quoi qu'il en soit, cet aspect-là de sa vie l'inquiète. Non pas qu'il ait de quelconques remords – depuis quand aimer les femmes plus que nature est-il un crime ? –, mais il sait que la politique est une guerre sale qui autorise toutes les armes. Y compris les plus poisseuses. Cette entreprise vaut-elle la peine d'être tentée, au risque de voir Anne s'abîmer dans une campagne qui verra immanquablement émerger des affaires dignes de la rubrique mondaine ?

On touche là au cœur du problème, à l'aspect le plus intime, le plus sensible – le névralgique – de cette histoire peu commune : si Dominique Strauss-Kahn semble si longtemps hésiter à se lancer dans la mêlée, c'est qu'il ne veut pas infliger à sa femme le risque de voir surgir un beau matin des révélations dévastatrices pour son couple et ravageuses pour celle qui a tant subi déjà et qu'il veut préserver, à tout prix. Lui seul est en mesure de faire l'inventaire de ses pérégrinations, dont certaines font l'objet de rapports confidentiels transmis au plus haut niveau de l'État, où Nicolas Sarkozy se tient informé. Or, voir un jour l'un de ces documents débouler dans la presse ou sur un site internet le terrifie par avance. Il a beau révoquer ses craintes et menacer l'Élysée de poursuites, il sait qu'une fois sur la place publique, ces histoires d'alcôve souffleront son couple comme un château de cartes et placeront son destin politique en équilibre plus qu'instable. DSK tente depuis trop longtemps un diable sans nom pour sortir indemne d'une partie de roulette russe qui risque tout simplement de mal finir.

Traduction de l'équation, en termes bruts : DSK a peur.

Un homme à abattre

L'envolée du directeur du FMI dans les sondages n'échappe bien sûr pas à l'UMP, et encore moins à Nicolas Sarkozy qui tente depuis des mois de décrypter ses arrière-pensées. Pour cela, il a envoyé en éclaireur, quelques mois plus tôt – le 25 novembre 2010, précisément – Alain Minc, son conseiller le plus proche après Claude Guéant et un ami de longue date de DSK. Les époux Minc se retrouvent avec les époux Strauss-Kahn à L'Ambroisie, l'une des bonnes tables de la place des Vosges. En pleine forme, le patron du FMI sort tout juste du plateau du « Grand Journal », où il vient de réaliser une nouvelle fois un numéro qu'il affectionne particulièrement : balader des journalistes, qu'il prend un malin plaisir à épuiser, dans les dédales de propos minimalistes et labyrinthiques qu'il a au préalable testé auprès de son équipe de communicants.

Mais Alain Minc, c'est une tout autre paire de manches. Voix toujours douce et bon sourire, le très roué cardinal Mazarin et confident de Nicolas Sarkozy, dont il est l'un des visiteurs du soir, a le talent d'enfermer ses interlocuteurs dans une cage aux barreaux invisibles, afin de leur tirer les vers du nez avec les artifices d'un charmeur de serpents. DSK, qui connaît parfaitement le personnage, a donc préparé avec soin ce qui ne sera pas un simple repas amical, mais une soirée test, dont Alain Minc, en bon petit télégraphiste, fera le compte rendu à son commanditaire, une fois son enquête achevée. Ayant entendu les conseils de ses *spin doctors*, DSK affiche tout au long de la soirée, devant une Anne Sinclair qui boit du petit-lait, le visage d'un homme cool, détaché des contingences parisiennes et à mille lieux des guerres de tranchée du PS.

Tandis que le ris de veau et les saucisses de Mortagne défilent en farandole, DSK promène Alain Minc aux quatre coins de la planète finance, soliloquant sur les bienfaits de la régulation économique. À peine sorti du restaurant, Alain Minc se précipite sur son portable pour appeler Nicolas Sarkozy. Au téléphone, l'oracle élyséen se fait définitif : « Je peux t'assurer, Nicolas, qu'il n'ira pas ! Un type qui est déjà en surcharge pondérale et qui commande des ris de veau pour dîner n'aura jamais la volonté de courir la France de meeting en meeting. Pour moi, c'est plié ! »

Mais l'appétit du pouvoir et les plaisirs de la table sont deux choses différentes. Et Nicolas Sarkozy n'est pas entièrement convaincu de cette prophétie : combien de fois Alain Minc s'est un peu vite avancé avant de se faire rattraper par une réalité tout autre... Quelques semaines plus tard, il entend dire que DSK et Anne Sinclair ont entamé un régime sévère. Un petit « caillou blanc » pour le locataire de l'Élysée, qui en est réduit, comme la presse, à interpréter les moindres signaux. Si Dominique Strauss-Kahn a le sens du devoir, il n'a pas celui du sacrifice, a poursuivi Alain Minc lors de leur conversation téléphonique, mais Nicolas Sarkozy pense, au contraire, que si cet épicurien contrarié converti au pragmatisme parvient à surmonter ses contradictions, il sera un réel danger à l'horizon de l'été 2012.

Bien pensé. D'autant que l'ancien maire de Neuilly ne néglige pas l'influence que peut avoir dans cette affaire l'épouse de Dominique Strauss-Kahn. Ce que femme veut... Lui-même, avec Cécilia, n'a-t-il pas vécu sous l'envoûtement d'une épouse, qui fut à sa manière et en son temps une conseillère éclairée et un pygmalion écouté, dont il ne négligea jamais les avis ?

Même chose pour le patron du FMI : pas une des décisions de DSK n'a été prise, en plus de vingt ans, sans qu'il y ait étroitement associé son épouse. C'est oublier, enfin, qu'Anne Sinclair prit comme une véritable claque le renoncement, en direct, face à elle, sur le plateau de « 7 sur 7 » de Jacques Delors à la présidentielle de 1995 : DSK pourrait-il infliger à la gauche un tel spectacle, alors que la reculade du père de Martine Aubry reste encore un traumatisme pour bon nombre de militants socialistes, qui ne lui ont jamais pardonné ?

Pas question donc de céder un pouce de terrain face à celui dont les avancées à couvert et les propos subliminaux commencent à irriter Nicolas Sarkozy. Finie aussi la lune de miel avec celui qui joue loin, si loin, de Paris, les pompiers de la finance et les hôtes d'honneur dans les sommets internationaux, quand tous ses regards semblent se porter vers la rue de Solferino, où une importante part de son destin peut se jouer.

Inquiet, le chef de l'État passe donc la consigne : plus de cadeaux, DSK est désormais un homme à abattre. Pour cela, les conseillers élyséens distribuent aux responsables de l'UMP et aux principaux membres du gouvernement des « éléments de langage » destinés à écorner la réputation et l'image du si populaire patron du FMI. Nicolas Sarkozy lui-même, à cette époque, n'écarte pas encore entièrement l'hypothèse qu'une fois au pied du mur, DSK finira par renoncer : lesté de casseroles, il flanchera. « Strauss-Kahn n'ira pas finalement, vous verrez. Il sait trop bien tout ce qui l'attend. » Tout ce qui l'attend ? Des tombereaux de rumeurs et d'allégations sur sa vie privée, son rapport à l'argent, ses virées noctambules et sa légèreté supposée. De quoi instruire le procès d'un candidat que l'UMP et Nicolas Sarkozy se jurent alors de mettre en pièces.

Des « éléments de langage » ? Doux euphémisme. « Une pelletée de ragots ! » s'emporte DSK à tout bout de champ. Car si l'Élysée l'électrise, son locataire l'inquiète. Dominique Strauss-Kahn n'a aucunement confiance en Nicolas Sarkozy, dont il dit se défier, mois après mois. Il en est certain : son algarade avec ce dernier dans des toilettes, lors du G20 de Pittsburgh, n'a pas eu l'effet escompté. Il a pourtant le sentiment d'avoir été on ne peut plus clair, sommant le chef de l'État de cesser de propager des « saloperies » sur ses prétendues frasques amoureuses. Mais il sait que ce «coup de gueule» ne suffira pas à éteindre les enquêtes qui le visent, des investigations diligentées par les «porte-flingues de Sarko», à l'Élysée, qui «fouillent mes poubelles», dit-il. «Je sais que tout ça part de chez toi. Alors, dis à tes gars d'arrêter ou sinon je saisirai la justice», a-t-il ainsi lancé à la figure de Nicolas Sarkozy, le pointant du doigt dans l'intimité de ces *lavatory*. Avant de tourner les talons, DSK, furibard, a durement toisé le locataire de l'Élysée. Avait-il en tête, en le regardant, cette phrase de Jean Cau, à propos de Napoléon : «Cet homme qui a donné aux Français le goût du petit. Petite maison, petite femme, petit soldat, petit verre... Ce rusé petit Italien qui a tout rabaissé pour être plus grand...»? Ces deux hommes se seraient entre-tués dans une joute en vue de l'élection présidentielle...

Une première dame en puissance

Dominique Strauss-Kahn s'en remettra donc à sa bonne étoile et à son épouse. La première l'a souvent sorti de bien des impasses, et la seconde est inébranlable. Quand il navigue dans le relatif, Anne émarge dans l'absolu. Si sa vie est de guingois, celle de sa femme est un modèle de stabilité. Un homme bancal, une femme d'équerre.

Pour preuve, cette étonnante détermination qu'elle a à l'encourager et le galvaniser au moment où il lui fait part de ses hésitations et de ses craintes. Tout toujours, et rien jamais : telle est Anne Sinclair, qui semble ne douter de rien et qui estime, en ce mois de février 2011, que l'heure a enfin sonné pour celui dont elle a accompagné la lente et chaotique ascension vers le pouvoir.

Voilà plus de deux décennies qu'elle se dit convaincue de l'absolue supériorité de DSK face à une classe politique française qu'elle connaît et juge le plus souvent sévèrement. Ayant de la politique une haute idée, quasi romanesque, Anne Sinclair jette le plus souvent un regard dur sur cette sphère parcourue de personnalités sans charisme ni épaisseur. Circonstance aggravante pour la brochette d'outsiders qui envisagent de briguer l'investiture lors des primaires du parti socialiste : pas un n'arrive, dit-elle, à la cheville de celui à qui l'Élysée tend la main et le «peuple de gauche» la sébile, mendiant un mandat que Dominique Strauss-Kahn ne peut plus refuser de briguer, pour récompense de leur soutien.

Ce n'est donc pas un hasard si, quelques jours plus tard, le 20 février 2011, au micro de Jean-Michel Apathie, sur RTL, Dominique Strauss-Kahn envoie un premier signe. La séquence médiatique a été minutieusement travaillée en amont par l'équipe des communicants de DSK : Anne Sinclair a posé la première pierre et c'est maintenant au principal concerné d'y ajouter la sienne. Interrogé par le journaliste politique de la station, DSK effectue ce que ses exégètes appellent un «bougé» : évoquant la présidentielle de 2012, il redit que la question de son engagement n'est pas d'actualité, avant d'ajouter dans la foulée, après une seconde d'hésitation travaillée, que si les circonstances évoluent, il pourra alors se «reposer la question».

Émoi parmi les fidèles : le prélat de Washington vient de quitter la sacristie pour faire un pas vers l'autel... Le glissement sémantique n'échappe à personne, et DSK lui-même donne son feu vert : ses troupes peuvent avancer d'une case. Jusqu'alors, on répondait « on verra », maintenant, on s'autorise à dire : « Pourquoi pas ? »

En attendant, Anne Sinclair poursuit son travail d'évangélisation. Faisant figure de *missi dominici* du candidat virtuel, elle égrène, sur les plateaux de télé où elle apparaît sporadiquement, des propos tirés au cordeau : jamais prise en défaut de vigilance, elle révise sa copie avec ses deux précepteurs que sont les incontournables soutiers de DSK, Gilles Finchelstein et Stéphane Fouks.

Le résultat est étonnant et le mimétisme déconcertant. Même économie de mots, même prudence dans l'expression, même sens de l'ellipse et de l'abstraction. Une seule chose distingue Anne Sinclair de Dominique Strauss-Kahn devant les caméras : cette propension à montrer les dents dès lors qu'on s'attaque à lui. On a souvent vanté la gentillesse et la douceur attentive d'Anne Sinclair, mais on ignore sans doute qu'elle est aussi capable d'une dureté très sûre, si nécessaire. Qui griffe et qui mord. Jamais de coups de massue, mais d'épingle, qu'elle trempe dans son venin personnel.

On a pu le vérifier lors d'une prestation télévisée très remarquée sur le plateau du « Grand Journal » de Canal +, le 10 novembre 2010. Anne Sinclair connaît bien cette émission pour y officier régulièrement depuis deux ans, où elle vient de temps à autre commenter l'actualité américaine. Mais, ce jour-là, ce n'est plus la consultante de luxe que Michel Denisot reçoit, ni même l'épouse du patron du FMI, mais une première dame en puissance. En témoigne l'ordonnancement très symbolique du plateau, qui la voit siéger pour la première fois seule face à la brochette des journalistes de la chaîne cryptée. Le tabouret sur lequel on l'a installée est un trône et ses interlocuteurs d'un soir, des sujets qui n'osent bousculer celle dont les propos anodins prennent soudainement un sens quasi évangélique. Elle est l'oracle et l'ombre portée d'un Dominique Strauss-Kahn, avec qui elle semble correspondre par télépathie. Un homme qu'elle s'emploie à défendre avec rage quand on ose l'interroger pour savoir si celui-ci est vraiment encore « de gauche ». « Quand on a été trente-cinq ans au parti socialiste, ministre de Mitterrand, ministre de l'Économie dans le gouvernement Jospin… Il faut vraiment être tordu pour se dire que Dominique n'est pas de gauche ! » Cette simple idée l'outrage. D'une seule phrase, la carapace se fend, laissant apparaître l'animal politique sous le vernis de l'ancienne journaliste.

Assis devant leurs écrans de télé, les équipiers de DSK jubilent. Car tout a été minutieusement préparé, lors de réunions studieuses. Ravagée par le trac et sachant que chacun de ses propos serait passé à la moulinette, Anne Sinclair fait un sans-faute : « C'est simple, elle a délivré 120 % de ce qui avait été prévu », tranchera ensuite Stéphane Fouks dans le jargon du marketing politique. L'expert salue alors « un vrai travail de professionnelle ».

Millimétrée, son intervention l'est tout autant que celle que fait le lundi suivant DSK lui-même, à l'antenne de France Inter cette fois-ci. L'une a ouvert le feu à la télé, l'autre enchaîne à la radio. Une valse à deux temps, une campagne à deux voix voulue par l'entourage. Elle en *guest star*, aux avant-postes. Lui, complétant son propos et avançant d'une autre case, en seconde partie.

13

La fin d'une exception sexuelle

Depuis les années quatre-vingt-dix, les scandales sexuels se jouent sur des rythmes anglo-saxons. Voilà bientôt quinze ans que les Français observent avec un certain amusement un phénomène que l'on pensait être réservé aux Britanniques ou aux Américains, confiné – sanctuarisé – de l'autre côté de la Manche ou de l'Atlantique.

N'a-t-on pas même inventé pour cela une presse *trash*, dite « tabloïd », afin de relater les frasques de personnalités du *star system* et de figures de la classe politique? Quel curieux continent que cette vieille Europe, s'étonne encore aujourd'hui l'opinion américaine, qui voit un président du Conseil italien – Silvio Berlusconi – multipliant les parties fines avec de jeunes mineures, devant l'hilarité quasi générale de ses concitoyens, à peine choqués? Ou un cinéaste de renom, Roman Polanski, qui, bien que poursuivi pour crime sexuel aux États-Unis, se retrouve soutenu, au cœur de l'hiver 2010, par une noria d'intellectuels français qu'appuie un ministre de la Culture – Frédérique Mitterrand ?

Un passé encombrant

L'affaire DSK a cela d'inédit qu'elle marque la fin d'une exception sexuelle. En 2007, l'immixtion de la vie privée des hommes politiques dans la campagne présidentielle laisse déjà supposer, de manière spectaculaire, qu'un virage s'opère de ce côté-ci de l'Atlantique. Les péripéties conjugales de Nicolas Sarkozy, devenues presque un argument de campagne pour le premier concerné, conjuguées aux déboires sentimentaux de François Hollande et de Ségolène Royal occupent en effet les débats, tout autant, sinon plus, que les questions de politique intérieure, un temps reléguées au second plan.

Et chacun d'observer que, dans un mouvement symétrique inédit, Français et Américains se rejoignent pour constater un glissement de nos sociétés : « Bien plus qu'une politisation des questions sexuelles, c'est d'une sexualisation des questions politiques dont il s'agit », expliquent les commentateurs.

De ce point de vue, le DSKgate n'est qu'un copié-collé du Monicagate et de tant d'autres affaires de mœurs de même acabit. En revanche, ce qui frappe et marque une très nette différence entre ces deux récits d'alcôve, c'est l'entêtement, la permanence, la persévérance, avec lesquels Dominique Strauss-Kahn vient méthodiquement s'enchrister au détour de cette glauquissime affaire.

Comment expliquer, en effet, que cet homme, dont une bonne partie de l'establishment de Washington ne veut pas entendre parler, en raison de ses tropismes mondialistes et de ses engagements en faveur d'une régulation économique, ait lui-même fourni à ses détracteurs l'occasion de sa chute? Comment imaginer que DSK n'ait pas vu qu'une institution aux règles si implacables profiterait du moindre de ses faux pas pour l'enfoncer? Comment penser que l'Administration américaine, hostile à l'idée que le FMI devienne le pivot d'un nouvel ordre monétaire international, fermerait les yeux sur les écarts de celui dont bon nombre de pays membres du FMI – dont la Russie, concurrente malheureuse au poste de directeur de cette institution – se sont juré d'avoir la perte?

Bref, pourquoi le favori des sondages à l'élection présidentielle s'est-il immolé, alors qu'il savait que son goût prononcé pour la bagatelle risquait de l'anéantir à tout moment?

Avant même la nomination du socialiste français à la tête du FMI, certains s'inquiètent de ses penchants. En 2007, un journaliste correspondant de *Libération* en poste à Bruxelles, Jean Quatremer, évoque le premier la question sans détours : « Le seul vrai problème de Strauss-Kahn est son rapport aux femmes. Trop pressant, il frôle souvent le harcèlement. Un travers connu des médias, mais dont personne ne parle (on est en France). Or, le FMI est une institution internationale où les mœurs sont anglo-saxonnes. Un geste déplacé, une allusion trop précise et c'est la curée médiatique. » Le scandale qui pointe alors à l'horizon, au début de l'automne 2008, va lui donner cruellement raison.

L'affaire Piroska Nagy

C'est une bombe à mèche courte et à la déflagration assurée. Mais elle a mis neuf mois pour cheminer et exploser... À l'automne 2007, Dominique Strauss-Kahn s'intéresse longuement à une présentation faite en public sur l'économie du Ghana par une fonctionnaire du FMI âgée de 50 ans, Piroska Nagy. Plus tard, les enquêteurs du Fonds monétaire retrouvent, dans la correspondance électronique de DSK, une série d'e-mails on ne peut plus explicites quant aux intentions de son auteur, qui exprime alors son souhait d'entretenir des relations sexuelles avec cette employée du FMI, d'origine hongroise. Cédant à ses avances, en janvier 2008, lors du forum de Davos, ce lieu de villégiature où tous les géants de la planète se réunissent pour échanger sur la finance mondiale, l'économiste devient la maîtresse de son directeur général.

Apprenant cette relation, le mari trompé, Mario Blejer, un éminent économiste au tempérament latin, originaire d'Argentine – un pays en froid avec l'institution dirigée par le Français – exprime sa colère à DSK. Avant d'exiger du FMI l'ouverture d'une enquête approfondie. Rien ne filtra, tout fut tu... D'abord conduite en interne, l'enquête est confiée, le 2 septembre 2008, à un cabinet extérieur, Morgan, Lewis & Bockius. Les enquêteurs, qui entendent longuement Piroska Nagy, après avoir épluché sa longue correspondance par e-mails avec DSK, en arrivent assez vite à la conclusion que cette relation est largement consentie, de part et d'autre. En témoignent les pseudonymes utilisés par les deux amants et le contenu des messages échangés – souvent grivois de la part du premier –, qui ne laissent planer aucun doute.

Or, quelques jours avant que Robert J. Smith, l'homme en charge de la rédaction du rapport d'enquête, blanchisse DSK, le *Wall Street Journal* daté du 18 octobre 2008 met au jour le scandale. Peu importe, ou presque, l'origine de la fuite – on soupçonne alors une vengeance du représentant russe au FMI –, l'effet est dévastateur.

D'autant plus cataclysmique pour Dominique Strauss-Kahn qu'aux États-Unis, ce qui n'est qu'une « *love party* », peu glorieuse certes, tourne à l'affaire d'État quand Piroska Nagy, sous la pression d'un scandale rendu public et d'un drame conjugal, auxquels elle pensait avoir échappé, adresse deux jours plus tard, le 20 octobre, au même avocat, Robert J. Smith, une lettre dans laquelle elle affirme, cette fois-ci, avoir été victime d'un « abus de pouvoir » commis, selon elle, par le directeur du FMI : « Je pense que M. Strauss-Kahn a abusé de sa position dans sa façon de parvenir jusqu'à moi, écrit-elle, alors. Je vous ai expliqué en détail comment il m'a convoquée plusieurs fois pour en venir à me faire des suggestions inappropriées. » La directrice du département Afrique du

FMI donne alors moult détails sur les multiples relances de celui qui la convoquait dans son bureau à tout bout de champ. Des convocations assimilées à des pressions, qui font conclure, alors, à cette haute fonctionnaire du FMI : « Je crains que cet homme ait un problème pouvant le rendre peu adapté à la direction d'une institution où les femmes travaillent sous ses ordres. »

« Dominique Strauss-Kahn, le directeur du Fonds monétaire international (FMI) est la cible d'une enquête pour népotisme dans le cadre d'une relation intime avec une subordonnée… » À 7 000 kilomètres de là, sur le site d'un magazine français, *L'Express*, la nouvelle du carambolage amoureux du « serial séducteur » de Washington tombe comme une enclume sur un tapis de cristal. La déflagration a franchi l'Atlantique à la vitesse du son et plonge l'ensemble du clan DSK et Anne Sinclair dans l'effroi.

La une du *Wall Street Journal* qui révèle l'affaire n'est pas moins accablante pour le patron du FMI : elle montre un DSK le visage parcheminé, comme si cet homme flapi venait de sortir d'une essoreuse. Ce ne sont pourtant que zakouskis pour celui que l'ensemble de la presse française épingle sans ménagement et que les médias anglo-saxons étrillent plus largement. Branle-bas de combat ! Ce même 18 octobre, ils sont trois à prendre de toute urgence la direction de Washington, *via* un vol en partance de Roissy : Gilles Finchelstein, Ramzy Khiroun et Anne Hommel. Manque à l'appel Stéphane Fouks : resté à Paris, c'est lui qui va diriger et coordonner l'opération de déminage et de communication destinée à circonscrire tant que faire se peut le sinistre et à empêcher que l'incendie ne se propage, alors que tout s'emballe.

Car, à Paris, ce n'est que consternation et désolation. Les commentaires que suscite cette affaire, à gauche comme à droite, s'achèvent tous sur ce même constat : « Il est décidément indécrottable ! » Ce qui lui semble n'être qu'un petit faux pas, qu'une peccadille plonge tout le monde dans un abîme d'incompréhension. Même Nicolas Sarkozy s'emporte en apprenant la nouvelle, furieux d'avoir défendu plus que de nécessaire, en son temps, la candidature à la direction générale du FMI d'un homme dont il est obligé maintenant de défendre l'honneur devant George Bush !

« Mais pourquoi tu ne m'as rien dit ? » Stéphane Fouks est à la fois en colère et désemparé quand il a DSK au téléphone. « C'est une vieille histoire sans intérêt, une liaison comme une autre, je ne pensais pas que cela se saurait… », soupire l'intéressé qui vient de prendre toute la mesure de l'affaire. « Et cette fille, elle bossait vraiment pour toi ? Je pense que tu es devenu complètement inconscient ! » Lassé de ces libertinages, l'ami fidèle en a soupé de ces virées de marin ivre qui voient Dominique s'échouer périodiquement sur le bas-côté. Si DSK n'est pas le seul à éprouver du désir pour les femmes, à la différence de beaucoup d'autres hommes, il ne peut vivre sans. L'exercice permanent de cette virilité jamais assouvie prend chez lui une tournure de plus en plus imprévisible. Et c'est là que réside tout le problème. « Et est-ce que Anne est au courant ? » poursuit Fouks, redoutant le pire. « Oui et depuis longtemps. Cette histoire est derrière nous », le rassure l'époux d'Anne Sinclair. Si la bourrasque Piroska Nagy ébranle les strauss-kahniens et l'ensemble des responsables du PS, elle ne fait pas vaciller leur couple, à l'entendre. Dès que les milieux de Washington ont vent de la rumeur, Dominique Strauss-Kahn tient à avertir immédiatement Anne Sinclair de son incartade, avant qu'elle ne le découvre incidemment. Cette histoire n'en est pas une, lui jure-t-il : elle n'est qu'un corps dont le seul agrément est de l'avoir diverti, rien d'autre ! « C'était un accroc dans une vie de couple. C'était une affaire entre nous, que nous avions réglée entre nous, comme des grandes personnes, dira Anne Sinclair plus tard. Et personne n'était au courant, pas même les enfants. Dominique était meurtri pour moi de m'avoir fait de la peine et meurtri personnellement d'avoir fait une connerie[7]. »

La réalité est moins consensuelle et le ressenti d'Anne Sinclair bien plus pesant qu'elle ne le dit. C'est oublier la tristesse et la colère de celle qui se serait volontiers passée d'une telle séance d'humiliation et de flagellation en public. Quand DSK lui a annoncé la nouvelle, huit mois auparavant, elle a accusé le coup en une grimace hostile et douloureuse. Mais, maintenant, il faut qu'elle affronte le regard et le jugement des autres. Le temps des médias – et aujourd'hui celui de la justice, à travers l'affaire du « Sofitelgate » – n'est pas le temps réel : interminable, il laisse

---

7. *DSK-Sarkozy : le duel, op. cit.*

prospérer le soupçon et les sous-entendus, comme un poison lent qui se diffuse dans l'organisme. Quant au banc des accusés, c'est une estrade peu glorieuse pour celui dont elle est fatiguée des écarts. L'entourage de DSK – la « bande » – a beau évoquer devant elle un « mauvais vaudeville », pour minimiser l'impact de cette histoire d'adultère, elle y voit un traquenard et un insupportable panier de linge sale lavé en public. Ce n'est pas chez elle de la jalousie, mais un sentiment de souillure qui l'habite, au moment où elle s'attend à affronter simultanément la presse, les remarques des proches et la tristesse des siens. Dans ces moments si durs, la vie n'est plus qu'un champ de regards...

La réunion de crise qui se tient dans le salon d'un grand hôtel de Washington, le 20 octobre, et à laquelle participe Anne Sinclair, n'est donc pas une partie de plaisir. En liaison avec Stéphane Fouks à Paris et un petit cercle de strauss-kahniens de la première heure, dont Pierre Moscovici et Jean-Christophe Cambadélis, l'équipe de *spin doctors* de DSK a échafaudé un plan d'attaque à plusieurs étages.

La première étape consiste à minimiser l'importance de cet épisode, ramené à une réalité plus terre à terre : celle d'une aventure entre deux adultes consentants. Pour cela, Gilles Finchelstein, Anne Hommel et Ramzy Khiroun élaborent un début d'argumentaire et exhument au passage, avec Anne Sinclair, quelques-unes des nombreuses affaires de mœurs qui ont émaillé la vie politique américaine depuis ces dernières années :

objectif, éviter une jurisprudence DSK et répondre, le cas échéant et point par point, à la presse américaine. L'historique se veut exhaustif et il reprend certaines des affaires extraconjugales les plus célèbres qu'ait connues l'Amérique depuis le début des années quatre-vingt-dix, du Monicagate de Bill Clinton aux égarements de John Edwards plus récemment, un ex-candidat à l'investiture démocrate recalé pour adultère, en passant par les mésaventures d'une autre figure de la classe politique américaine, Gary Hart, balayé, lui aussi, pour avoir dissimulé son homosexualité à l'opinion américaine…

Le deuxième échelon de la réplique de la « firme » passe par un communiqué laconique signé de DSK. Profil bas, celui-ci a entendu le « pitch » de ses conseillers : sobrement, il dit s'en remettre à la sagesse de l'institution qu'il dirige et au sérieux de l'enquête en cours, à laquelle il entend bien sûr se soumettre « sereinement » et sans réserves.

« Nous nous aimons comme au premier jour »

« Et toi, Anne, que comptes-tu faire ? » Gilles Finchelstein se retourne vers celle qui n'a pas dit un mot de toute la réunion. Le regard courroucé et le pardon dilué dans l'eau rude de ses blessures, elle vrille ses yeux dans ceux de celui dont elle n'a jamais douté de la fidélité et de la compassion vraie : « Mais quoi, moi ? Je suis à ses côtés, c'est tout. Cela va sans dire, non ? — Oui, mais que comptes-tu faire? Il serait bien que tu t'exprimes quelque part, sur ton blog par exemple...» Ce qui semble évident pour Finchelstein ne l'est pas pour celle dont le cœur ne bat plus à cet instant au rythme de celui qu'elle a rencontré dix-sept ans plus tôt, à Paris. Voler publiquement au secours de Dominique, maintenant, tout de suite, sur-le-champ, c'est trop lui demander. Toutes ces dernières années, elle a révoqué ce moment. Acceptant, au nom de la passion qui les unissait, de faire sa pelote des fariboles qu'il lui racontait, Anne Sinclair a très longtemps vécu dans le déni. Combien de fois s'est-elle disputée avec Rachel Kahn ou Daniela Frydman, refusant d'écouter ses amies les plus proches? «Atterri, ouvre les yeux, Anne!» Cette foi tranquille en la fiction de leur couple lui a jusqu'ici permis d'occulter l'évidence et de préserver l'essentiel. Heureuse en marge des règles communes aux autres couples, elle s'accommodait de cette existence, pour peu qu'elle ne soit pas un facteur de déséquilibre. Trop fière pour être jalouse, elle s'est appliquée de toutes ses forces à refouler des années durant ce sentiment qu'elle n'accepte pas. Comme tant d'autres femmes bafouées, elle ne sera pas l'archiviste des escapades supposées de celui qu'elle a épousé les yeux fermés, sans exiger d'inventaire.

Mais voilà que le récit d'une bagatelle pathétique éclate au grand jour, plongeant pour la première fois son couple dans le chaos. D'un seul coup, DSK vient d'épuiser son crédit. Et Anne Sinclair n'a pas le courage de lui ouvrir une autre ligne. Et pas moins de patience pour écouter plus avant la supplique de Gilles Finchelstein. Pas là, pas maintenant...

C'est ainsi qu'Anne Sinclair quitte l'hôtel et cette réunion sans un mot, et les larmes aux yeux, pour aller se réfugier à son domicile. Il est 2 heures du matin à Washington et ce sont les premières lueurs de l'aube sur les bords de la Seine, à Paris : elle y contacte l'une de ses autres vieilles amies, Marie-France Lavarini, une ancienne collaboratrice de Lionel Jospin à Matignon avec qui elle a travaillé de longues années durant, à TF1. Les années de crête.

Plus discrète encore que la troïka venue de Paris à la rescousse, cette femme au tempérament taillé dans le granit, en poste au sein d'un grand groupe publicitaire américain, TBWA, est l'un des autres maillons forts du système Strauss-Kahn en France : un historique et précieux relais qui travaille discrètement, en liaison avec la première équipe, au retour sur l'avant-scène du couple washingtonien. Mais, bien que très complice d'Anne Sinclair, celle qui a par le passé épaulé le couple, au moment de l'affaire de la Mnef notamment, peine à convaincre son amie d'accéder à la requête du conseiller de DSK. « Pourquoi m'obliger à soutenir Dominique ? » La voix fait contrepoint au téléphone. Comme si elle posait ses mots sur une matière neutre et froide. Comme si elle évoquait le sort d'un inconnu. Cette affaire piteuse vient de jeter un voile noir sur l'histoire de son couple, dont elle refuse d'élaguer les branches mortes : elle ne sera pas l'épouse bafouée qui fait diversion en volant au secours de celui auquel on conserve toute sa confiance, contre vents et marées. Celle qui feindra d'avoir oublié et déjà pardonné, alors que des braises la consument. Un bien mauvais roman.

Mais Marie-France Lavarini insiste : martelant que son silence vaudra accusation, elle l'enjoint à ne pas lâcher celui qui ne mérite pas pour autant un tel opprobre. Ce n'est plus de l'orgueil – mal placé ? – d'une épouse blessée dont on parle, mais de la vie d'un homme ; à tout le moins du destin politique de celui qui vengera Lionel Jospin en 2012.

À force d'arguments, l'amie parvient à faire vaciller celle qui, au bout du fil, prend un stylo : ensemble, elles ébauchent la mouture d'une lettre, dont les détails sont validés le lendemain matin par Gilles Finchelstein. La pilule est amère et le geste d'absolution expédié en quelques lignes minimalistes : jeté sur son blog, comme une offrande déposée sur le tombeau d'un amour évanoui, ce texte se termine par ces quelques mots : « Pour ma part, cette aventure d'un soir est désormais derrière nous. Nous avons tourné la page. Puis-je ajouter pour conclure que nous nous aimons comme au premier jour ? » Et que la politique a ses raisons que l'amour ignore.

On a coutume de dire, selon un vieil adage, que la vengeance est un plat qui se mange froid. Si Anne Sinclair semble ignorer ce sentiment, elle est en revanche capable de quelques tacles ou vacheries, qui la dédommagent de sa discrétion. Invitée le 12 novembre 2010 du « Grand Journal », sur Canal +, c'est-à-dire plus d'un an après cet épisode, elle doit affronter le jeu de «La boîte à questions» de l'émission. Or, à l'interrogation «Quel est, selon vous, le péché mignon de DSK?», l'épouse modèle répond, du tac au tac : «Le sauté de veau!» Rediffusée le lendemain, cette saillie de l'ancienne égérie de TF1 laisse le plateau sans voix et les participants à l'émission, Michel Denisot et Jean-Michel Apathie, bouche bée et le regard perdu en conjectures...

Anne Sinclair fait le geste, à DSK, de battre sa coulpe... Immédiatement, le patron du FMI se voit contraint par son conseil d'administration d'admettre ses erreurs : il fait ainsi acte de contrition publique, comme l'exige d'ailleurs la loi américaine dans ce type d'affaire. Dans un courrier adressé à l'ensemble du personnel du FMI, son directeur général reconnaît avoir commis «une erreur de jugement», mais nie, en revanche, tout abus de pouvoir. Responsable mais pas coupable. Et il conclut ce courrier en demandant au personnel du Fonds monétaire «de se concentrer et de ne pas se laisser distraire par les rumeurs», des miasmes qu'il pense voués à la dissolution avec le temps. Mais sait-il qu'elles cheminent dans Paris, où une poignée d'humoristes et de pamphlétaires ont pris le relais des médias, à l'instar d'un Stéphane Guillon, qui cisèle une chronique qui fera bientôt date?

Pour preuve que cette page est en tout cas bel et bien tournée aux yeux du patron du FMI, cette couverture glamour de *Paris Match*, devenue au fil du temps le Journal officiel et l'*House Organ* du couple DSK-Sinclair. Quelques jours à peine après l'épilogue de ce feuilleton, l'hebdomadaire du groupe Lagardère campe les deux résidents de Washington en amoureux enlacés, déambulant dans les rues de la capitale américaine. Elle arrimée à son bras, lui ressuscité sous ses rayons. Ripolinée à souhait, l'opération de communication a été conduite par Ramzy Khiroun, qui a mobilisé en un tournemain et quelques coups de fil bien ciblés les principaux médias amis du groupe Lagardère. Même le titre de l'article a fait l'objet d'une validation par ses soins – «DSK : Anne, une épaule dans la tempête». De l'affaire Piroska Nagy, il n'est plus question. La voilà une nouvelle fois dépeinte debout, solide, aux côtés de celui qu'elle ne cesse de féconder et dont elle entretient les rêves présidentiels. Le reportage de *Paris Match* est d'autant plus sidérant que celle qui se disait en privé, il y a quelques jours encore, habitée d'une tristesse et d'une rage inexpugnables affiche dans les colonnes de ce magazine en papier glacé le visage conquérant et apaisé d'une épouse revigorée. Pour l'opinion et la presse, qui la guettent et l'auscultent, Anne Sinclair a donc décidé d'oblitérer cette affaire : l'a-t-elle pour autant totalement effacée de son disque dur ? Mystère. «On engage le sort du monde en choisissant une cravate», a dit Sartre : on engage l'avenir d'un homme en ne se trompant pas de rimmel ou de cardigan au moment de la photo, pourrait compléter l'épouse de DSK, qui sait mieux que quiconque le poids des images et l'importance des symboles.

Mais quelle déconcertante et époustouflante capacité de résistance et de rebond ! Retranchée derrière une tour d'ivoire invisible, Anne Sinclair semble en mesure de surmonter à tout instant les épreuves les plus rudes ! Celle qui donne le sentiment éternel de ne jamais se retourner, et encore moins de s'appesantir, sur le passé, administre ce jour-là l'une de ses leçons de maintien dont elle est seule à avoir le secret...

Ce passé encombrant, le conseil d'administration du FMI le passe à la chaux, le 25 octobre 2008 : exonéré, DSK sort blanchi de cette affaire d'alcôve grâce à un rapport sans équivoque. Dans sa conclusion, on peut lire qu'il n'y a eu « ni harcèlement, ni favoritisme ou tout autre abus d'autorité », à l'égard de cette maîtresse hongroise. La petite histoire veut que Dominique Strauss-Kahn ait rendu visite au doyen du conseil d'administration du FMI, un certain Shakour Shaalan, une personnalité de renom à Washington qui vient de peser de tout son poids en faveur d'une absolution de DSK. « Je crois savoir que vous parlez un peu arabe, monsieur le directeur général ? Savez-vous ce que veut dire mon prénom ? — Non, mais vous allez me le dire », lui a répliqué Dominique Strauss-Kahn. « Shakour veut dire la reconnaissance. J'ose espérer que vous n'oublierez pas ce mot. »

14

Fin de partie

Le 4 x 4 noir aux vitres fumées ressemble à un corbillard. Et ses principaux occupants, installés à l'arrière, forment un couple à la mine crépusculaire, qu'entourent deux bodyguards au faciès de croque-morts.

Qu'ils semblent interminables ces quelques mètres séparant, ce 6 juin 2011, ce véhicule de l'entrée de la cour criminelle de New York qu'assiège une meute de journalistes ! Et qu'encercle un groupe de femmes de chambre venues dire, en délégation, leur colère à la face d'un DSK vilipendé. « *Shame on you !* »

Qu'elles sont longues les secondes qui voient ce soldat de verre, autrefois de plomb, au visage blême et froissé par les veilles, qu'un bras solide entraîne le long de ce ruban de bitume ceinturé de photographes, vers une salle d'audience, devenue une salle de torture : *ad nauseam...*

Le courage d'une femme

Une nouvelle fois, ce même spectacle, cette même image, stupéfiante, qui symbolise toute la détermination et le rôle central joué depuis des semaines par une femme qui crève à elle seule l'écran. KO debout, DSK n'est plus qu'une ombre à ses côtés, un automate assisté. Ne reste, pour les médias du monde entier, que la silhouette altière d'une épouse devenue la caution – au propre, comme au figuré – d'un mari volage en dépôt de bilan. Anne Sinclair fend l'air d'un pas cadencé : jouant de sa beauté sombre, qu'elle porte comme une arme, elle semble défier la Terre entière.

Que pense-t-elle sous les quolibets de ce contingent de soubrettes ? Sur son visage s'imprime un léger et diffus sourire : de ceux qui s'efforcent de traduire une inébranlable confiance en l'avenir, quand tout n'est en vérité que désespoir et dévastation...

La scène a été soigneusement travaillée par les nombreux conseils et avocats de Dominique Strauss-Kahn : telle une Hillary filmée main dans la main avec Bill Clinton, au lendemain de l'affaire Lewinsky, l'épouse de DSK doit offrir à l'opinion et à la justice américaine qui la guettent l'image d'une femme résolue à défendre l'honneur en miettes d'un homme en vrac. Si, en privé, depuis le début de cette affaire, chaque commentaire d'Anne Sinclair sur cette affaire tranche comme une lame de reproches, en public, elle s'efforce de donner à chaque instant le visage d'une épouse impavide, protégeant de son mieux celui qu'elle n'abandonnera pas. Le visage d'une femme qui se moque de la bronca et des philippiques assassines de féministes en colère...

Au septième étage de cette cour criminelle, sept minutes suffisent pour entendre DSK prononcer, dans un murmure étouffé, en réponse à la question du juge Michael Obus : « *Not guilty.* »

Et c'est au radar, le teint crayeux et la démarche chaloupé que DSK rejoint son domicile, assistée de celle qui est devenue son seul GPS. Qui aurait soupçonné une telle abnégation, une telle force de caractère, chez une Anne Sinclair dont on savait en fait si peu de choses ? Que penser, pour finir, de l'attitude d'une femme dont la posture est une leçon de vie qu'elle semble vouloir prodiguer à toutes celles qui n'auraient pas sa dignité, en pareilles circonstances ?

Évoquant avec une émotion poignante, le soir même, sur un plateau de France 2, l'attitude de celle qui fut son épouse et dont il s'inquiète, Ivan Levaï parle, la gorge nouée, d'une « résistante », d'une « femme de la Résistance en tant de paix », et d'« Antigone », l'insoumise.

Mais avant d'être la fille d'Œdipe, Anne Sinclair est Tyché ou Déméter, déesses grecques de la richesse et de la Terre mère... Car, pour Dominique Strauss-Kahn, la liberté conditionnelle et les interminables procédures en cours représentent un Himalaya de dollars, dont il ne possède pas le premier jalon. De peur de voir l'ancien patron du FMI quitter les États-Unis à la sauvette, après son élargissement de la prison de Rikers Island, le juge

Michael Obus en charge de l'affaire, exige le versement d'une somme élevée pour cette liberté conditionnelle.

C'est ainsi que les avocats de DSK doivent s'acquitter d'une caution d'1 million de dollars, à laquelle vient s'ajouter un dépôt de garantie de 5 autres millions de dollars. Or, pour que cette somme soit couverte par une société d'assurance, Anne Sinclair et Dominique Strauss-Kahn doivent hypothéquer leur maison à New York. Quant à la caution, elle devrait leur être rendue à la fin du procès, éventuellement, après déduction d'une amende et des coûts de procédure. Un pactole.

Le couple est aujourd'hui installé, après d'infructueuses recherches, au sud-ouest de l'île de Manhattan dans une somptueuse demeure de briques roses dessinée par l'architecte italien Leopoldo Rosati. Convoitée à l'époque par l'actrice Cameron Diaz, d'un coût de 14 millions de dollars (9,9 millions d'euros), la nouvelle résidence des Strauss-Kahn n'a plus de secrets pour les internautes, qui peuvent en faire la visite virtuelle sur la Toile. Salle de cinéma, cave à vin, salle de sport et dépendances spacieuses : le lieu est désormais devenu une étape touristique couchée sur les parcours des tours-opérateurs de la ville.

Pourquoi un tel choix ? Pourquoi une telle débauche d'argent, un tel luxe ostentatoire ? Le geste n'est pas anodin et l'adresse choisie, au cœur du triangle d'or de Manhattan, délibérément voulue par Anne Sinclair et la défense de DSK. Car qu'aurait-on dit si elle avait choisi de confiner son mari dans quelques mètres carrés d'un quartier reculé de New York ? N'y aurait-on pas vu un début de prise de distances de sa part ? Anne Sinclair n'a pas d'autre choix que de maintenir de manière ostentatoire le train de vie de celui qui n'a aucune raison de plier l'échine ? En lui offrant cette villégiature de nabab, elle affiche son entier soutien et une conviction chevillée à l'âme : « *Not guilty* », Dominique est innocent !

Mais sous les verrous. Car cet appartement luxueux est une prison dorée : assommé de calmants, passant de l'accablement à la prostration, de la colère au découragement, DSK y tourne comme un lion en cage. Et la profonde détresse de sa femme n'est pas faite pour alléger un climat pesant.

DSK n'est plus que l'ombre de lui-même dans ce vaste loft de Manhattan, une silhouette spectrale qui se raccroche aux branches d'avocats sur le qui-vive guerrier, des pitbulls en col blanc qui l'assurent d'un combat à mort avec la partie adverse.

Seule consolation, les quelques coups de téléphone passés le soir aux proches restés à Paris, des amis avec lesquels on échange le minimum, convaincus que les lignes sont sur écoute.

Un sauvetage à prix d'or

L'argent encore. Car viennent enfin les nombreux frais d'avocats, de détectives et de sécurité. Le premier des postes est de loin le plus onéreux. Notamment en raison du profil tout particulier de l'avocat vedette de Dominique Strauss-Kahn : Benjamin Brafman. À 62 ans, «Benjy» ou «Ben», selon son degré de proximité avec ses clients (tous des membres de la *jet-society* ou du *star system* américain), fait partie des ténors du barreau new-yorkais. Son talent est tel qu'il facture ses services 1 000 dollars de l'heure. Des émoluments molletonnés qui peuvent atteindre aisément le million de dollars, pour une affaire de ce type.

Sa carrière a véritablement décollé il y a dix ans seulement. À l'époque, il défend avec succès le rappeur et producteur P. Diddy, accusé alors d'avoir sorti un revolver dans une boîte de nuit. Son tremplin et un premier œillet à sa boutonnière. D'où lui vient ce tempérament de bouledogue qu'on lui prête, quand il plante ses crocs dans une affaire ? Sûrement pas d'un passé miséreux de petit Juif new-yorkais (il mesure 1,68 mètre), qui aurait une revanche à prendre sur son histoire et un compte à régler avec ses contemporains : roué, rugueux, enjôleur et «grande gueule», à proportion, Benjy fait de longues études à l'université de droit de l'Ohio, avant de rejoindre New York où il embrasse une jolie carrière d'avocat enrubannée d'affaires souvent spectaculaires et largement médiatisées.

Entre-temps, ce Juif orthodoxe, respecté de la communauté juive américaine, fait un redoutable procureur adjoint au parquet de Manhattan, où il est connu comme le loup blanc, dans l'immeuble même où les caméras le voient ferrailler pour sortir le soldat DSK de sa geôle.

Mais là ne s'arrête pas l'énorme sacrifice financier consenti par Anne Sinclair, qui doit également couvrir les frais d'une armée de détectives recrutés à cette occasion. Là encore, DSK et son épouse sont allés chercher les meilleurs. En l'occurrence, les limiers de Guidepost Solutions, une entreprise qui a pour clients quelques-unes des plus grandes entreprises du pays et dont les enquêteurs sont tous d'anciens flics du FBI ou de barbouzes de la CIA. Et, là encore, la facture risque d'être salée... À raison de 150 à 200 dollars de l'heure et d'une quarantaine d'heures d'investigations par semaine, pour chacun des vingt enquêteurs lancés aux trousses de Nafissatou Diallo, elle devrait s'élever à plusieurs centaines de milliers de dollars. À l'ensemble de ces frais, il faut aussi ajouter les honoraires d'un cabinet de communication de crise et d'une société spécialisée dans le lobbying.

Alors, combien coûtera cette affaire au total ? Différents cas similaires, pas tous du même ordre, permettent de se faire une petite idée : pour la seule affaire Monica Lewinsky, Bill Clinton aurait dépensé au total entre 7 et 8 millions de dollars. O. J. Simpson a dû débourser, de son côté, plus de 5 millions de dollars. En 2000, le dossier Whitewater (un scandale immobilier datant des années quatre-vingt) a valu, toujours aux époux Clinton, un chèque de 6 millions de dollars. Quant à l'affaire Kobe Bryant, qui est la plus souvent citée comme étant la plus proche de l'affaire DSK, elle aura coûté au susnommé, basketteur vedette et mari volage, accusé du viol d'une employée d'hôtel, 10 millions de dollars, au terme d'un *settlement* (une transaction au civil).

Cette dernière et sérieuse voie, si elle est retenue par l'avocat de Nafissatou Diallo, risque de transformer l'affaire DSK en un puits sans fond : selon la loi américaine, la présumée victime, qui aura un an, à compter du jugement rendu au pénal, pour intenter une procédure au civil, pourrait escompter sur une indemnité dépassant largement les 10 millions de dollars.

Si personne n'a pu véritablement évaluer à ce jour l'importance du patrimoine et le niveau de fortune d'Anne Sinclair, l'ampleur des moyens consentis par celle-ci pour financer la défense de son infortuné mari – au sens propre du terme – ou monnayer son impunité, en donne en tout cas un léger aperçu...

Une vie jetée en pâture aux médias du monde entier

En quittant le 6 juin les locaux de la chambre criminelle de Manhattan, Dominique Strauss-Kahn sait que débute à cet instant une procédure de plusieurs mois, et avec elle un gymkhana qui va nécessiter des nerfs d'acier. Car, si DSK ne fait pas volte-face en décidant de plaider coupable – ce qu'il a le droit de choisir à tout moment de la procédure –, son procès devrait démarrer à la fin de l'année. Et la période qui vient de s'ouvrir a cela de particulier et de différent avec le système français que ce n'est pas un juge d'instruction, mais les parties, l'accusation et la défense, qui ont pour tâche d'enquêter à charge et à décharge.

Or, dans cette partie de ball-trap, où tous les coups pleuvent et où la communication joue un grand rôle, c'est l'avocat de la femme de chambre du Sofitel, Kenneth Thompson, un ancien procureur rompu aux affaires de drogue et de grand banditisme, une lame lui aussi, qui a dégainé le premier, le 7 juin dernier.

Un vent glacial est passé ce jour-là sur le couple DSK-Sinclair, quand ce ténor du barreau, intervenant devant une forêt de micros et de caméras, a appelé, d'un ton solennel, les femmes qui auraient subi des violences de la part de l'ancien patron du FMI à se manifester : « S'il y a une femme en France ou en Afrique, qui a été sexuellement agressée par Dominique Strauss-Kahn, qu'elle m'appelle, qu'elle me contacte, car nous voulons l'aider, nous voulons lui parler. » C'est ainsi que le lendemain même de cet appel, on a vu apparaître à la télévision une *call-girl* new-yorkaise venue expliquer que deux de ses « consœurs » refusent de revoir DSK, après que ce dernier leur a fait subir des violences supposées dans une chambre d'hôtel de New York.

Inquiet, depuis le début de cette affaire, du caractère intraitable d'un système judiciaire implacable, DSK pensait connaître la peur, dans ses grandes lignes. Ce n'était qu'une version édulcorée, qu'une version « discount », comparée à celle qui le tenaille aujourd'hui.

Car combien de témoignages de ce type, affabulés ou non, débouleront d'ici à son procès en place publique ?

Combien de Tristane Banon vont se rappeler à la mémoire de l'ancien directeur du FMI ? Le propre de ces affaires de mœurs est de se nourrir de tout ce qu'il passe, des réalités les plus crues comme des rumeurs les plus charognes. Le propre de ces feuilletons visqueux est de charrier toutes les extravagances et les allégations les plus folles.

Que sortira-t-il pour finir de cette boîte de Pandore ? Que restera-t-il de l'inventaire en cours d'une vie sexuelle passée au tamis ou au Karcher, selon les jours ? Auscultées, les pérégrinations solitaires de DSK vont venir alimenter, au fil des semaines, un dossier à charge, l'anatomie d'une vie jetée en pâture aux médias du monde entier.

Anne Sinclair, qui enfouissait jusqu'ici ses soupçons et ses inquiétudes dans le repli d'une mémoire oublieuse, sait qu'elle va devoir affronter, en public, la lecture d'attendus parfois glauques : le script d'une affaire, dont les dernières pages restent à écrire...

Le grand déballage, voilà ce qui guette un DSK, dont il est impossible à ce jour de dessiner l'avenir. Une forme d'injustice veut qu'Anne Sinclair connaisse déjà la sentence, imméritée, prononcée à son encontre : une peine perpétuelle, une réclusion sans appel, qu'elle a enfouie au plus profond d'elle-même et qui la ronge.

DSKgate : le grand déballage

C'est un petit roquet tacheté de noir et de blanc. Jappant au pas de sa niche, il attrape par le col une poule de basse-cour de passage devant son écuelle, et l'entraîne aussitôt dans sa garçonnière, où il lui fait subir de premiers outrages. Le «clébard» a été baptisé «DSK» et la vidéo fait le tour de la Toile en cette fin mai 2011 : plus de 12 millions de connexions et ce n'est qu'un début.

C'est là l'un des effets ravageurs de cette affaire qui secoue la France et déchaîne Internet et les Guignols de l'info : l'ancien patron du FMI est devenu l'objet d'une multitude de charges, de blagues souvent douteuses et de détournements divers auxquels le Net apporte une résonance toute particulière.

Véritable phénomène, l'affaire Strauss-Kahn dépasse presque l'entendement : mesuré par un institut on ne plus sérieux, Kantar Media, le cas DSK a généré, dans la seule semaine du 15 au 22 mai 2011, 13 671 unités de bruit médiatique (UBM), dépassant, en France, l'impact de la catastrophe de Fukushima au Japon et la mort de Ben Laden, créditées de 3 000 UBM par ce même institut. L'impact est immense, à la mesure de l'audience des chaînes d'information en continu qui explose.

Reclus dans le très bel appartement qu'Anne Sinclair a loué à New York, après plusieurs jours de recherches infructueuses, l'ancienne figure du Fonds monétaire ne voit rien du déchaînement médiatique qu'il suscite alors en France. Quant à son épouse, trop affectée pour endurer le volet médiatique de ce feuilleton, elle se met à la diète : Anne Sinclair ne lit plus la presse française et évite de regarder la télévision. Seule la noria des reporters qui les assiègent à chacune des sorties de leur domicile leur confirme que l'escapade du Sofitel et ses retombées judiciaires provoquent une déferlante, de l'autre côté de l'Atlantique.

Le mois de mai aura vu les médias français faire preuve de dignité, dans leur ensemble. Pas un d'entre eux, notamment, n'aura pris la responsabilité de publier ce cliché aggravant de DSK en tenue de taulard, visage blafard et regard hagard, aperçu en couverture d'un certain nombre de titres anglo-saxons. Règlement de compte ou coup de pied de l'âne ? D'aucuns s'étonnent alors de découvrir un matin ce cliché à charge en une du *Financial Times* : Bible de la finance mondiale, le « FT » exécute celui qui a été des années durant l'un des interlocuteurs privilégiés du quotidien londonien, de Bercy au FMI. Piétiné, l'ancienne étoile de la finance mondiale et champion putatif du PS est désormais seul. À l'Élysée, Nicolas Sarkozy a tourné la page DSK. Unique commentaire ironique du chef de l'État à ses collaborateurs, qui évoquent le sujet devant lui le jour de sa première comparution devant le tribunal, à New York : « Et dire qu'on m'a cherché des poux dans la tête avec ma vie privée… Comparé à lui, je fais figure de moine trappiste ! »

Même le regard bref et glaçant de DSK qui se perd dans la salle de l'audience n'inspire aucune compassion au locataire de l'Élysée, qui suit la scène à la télévision.

Quelques secondes plus tard, la caméra réussit à accrocher celui, erratique, d'Anne Sinclair qui fixe le dos d'un époux que l'on tire hors du prétoire : le visage d'une femme qui n'a pas quitté des yeux, durant toute l'audition, l'homme dans le regard duquel se lit un mélange de peur panique, de colère sourde et d'intense concentration. Le visage d'une épouse que tracent au fusain deux dessinatrices judiciaires habituées du lieu. Concentrées sur leur sujet, Shirley et Andréa – 150 ans à elles deux – n'auront qu'un mot pour caractériser celle dont elles croquent alors le portrait : « Elle est belle et paraît si forte. »

Qu'elle semble loin, la soirée du Fouquet's de Nicolas Sarkozy, symbole d'une droite libérale décomplexée, que l'on accusait alors de dévoyer les rites élyséens. Si cette faute de goût a fait sauter un verrou, désacralisant la fonction présidentielle, l'affaire DSK fait exploser le dernier écrou qui protégeait jusqu'ici la vie privée des hommes politiques.

Et il n'est plus grand monde, sauf le dernier carré des strauss-kahniens historiques pour voler au secours de celui qui doit s'attendre maintenant à un procès précis et impitoyable.

En attendant, l'affaire continue de faire de sérieux dommages collatéraux dans la classe politico-médiatique française, où le grand déballage se poursuit : mis en cause dans une affaire de harcèlement et d'agression sexuelle, l'un des ministres du gouvernement de François Fillon, Georges Tron, est poussé à la démission, tandis que le philosophe Luc Ferry se retrouve convoqué par la police pour avoir accusé un autre ancien ministre dans une affaire de pédophilie et dont il se refuse à révéler l'identité. Même certaines figures de la presse française en viennent à trébucher. C'est le cas, notamment, du

fondateur de l'hebdomadaire *Marianne,* Jean-François
Kahn, qui se prend les pieds dans le tapis un matin au
micro d'Europe 1 : repris de volée par sa femme, Rachel
Kahn – fidèle amie d'Anne Sinclair – qui n'a pas accepté
la prise de distances de son époux avec DSK, le journaliste pense pouvoir se rattraper en parlant, à propos de
l'épisode du Sofitel, d'un « troussage de domestique ».
L'expression malheureuse lui vaut un tollé et lui coûte
son poste à *Marianne,* puisqu'il décidera d'en démission-
ner quelques jours plus tard…

ÉPILOGUE

Qu'aurait été le destin de Dominique Strauss-Kahn s'il n'avait pas rencontré Anne Sinclair, il y a plus de vingt ans ? Que serait-il sans l'épaule de celle qui s'est appliquée à le déchiffrer des années durant, sans jamais chercher à empiéter sur sa liberté ? Sans jamais commettre la moindre effraction dans son intimité. DSK a mis une main de l'autre côté de la rambarde et elle ne peut plus rien pour lui, sinon régler jusqu'au dernier centime d'euro les agios d'une embardée suicidaire. La fidélité aveugle sans calcul, ni comptes d'apothicaire, c'est tellement rare...

Notre dernière rencontre avec Anne Sinclair remonte au 28 avril 2011. Rayonnante, amincie – le fruit d'un régime draconien entamé avec DSK, l'ultime étape avant des primaires très médiatiques –, elle revient tout juste d'un week-end prolongé, passé en amoureux au Sofitel d'Agadir, chaîne hôtelière de tous les extrêmes : du bonheur partagé et d'une descente aux enfers.

271

Marchant, main dans la main, sur la longue plage ensoleillée qui borne cet établissement donnant sur la mer, Anne Sinclair dessine les jours qui séparent DSK d'une victoire programmée à l'investiture du PS.

Mais son regard saute cette échéance pour se projeter plus loin encore. Vers cette présidentielle qui l'électrise et qui les polarise tous deux. L'une et l'autre échafaudent des scénarios, brassent des hypothèses, butinent des projets et tiennent fiévreusement ce compte à rebours qui les emmène vers l'Élysée. Lui, au téléphone avec ses chaouchs – « Mosco », « Camba », « Ramzy »... –, avec lesquels il esquisse des plans de communication, en vue d'une annonce, solennelle, au lendemain du G20 de Deauville. Elle, jouant les boîtes à idées et les sparring-partners, imaginant déjà les soutiens qu'elle pourra rameuter, quand les choses sérieuses démarreront.

Comme un horizon qui se détache lentement de la brume, l'échéance de 2012 se profile ainsi comme une promesse. Et pourquoi bouder son plaisir, s'inventer des menaces quand tout se met enfin à sourire ? Il y a tant à espérer, tant à prendre. Qu'y a-t-il à craindre ? Une campagne sale, ce que Dominique ne cesse de lui répéter, comme s'il voulait la prévenir et la préserver par avance des dangers qui les guettent et des histoires qui ne manqueront pas de fleurir dans les médias sur son compte ? Quand bien même : ce ne sont pas quelques ragots qui vont l'obliger à faire machine arrière et brider son ambition.

Il ne vient pas à l'idée d'Anne que cette épopée puisse virer au carnage, au point qu'elle ait à défendre la peau de son couple et l'honneur de son conjoint. C'est idiot. Si cela doit un peu tanguer, Dominique sait qu'il pourra compter sur sa présence à ses côtés. Comme hier, comme toujours, elle sera bien plus qu'un refuge consolateur. Traduction de l'équation Strauss-Kahn–Sinclair : le premier marine dans l'inquiétude, la seconde navigue en altitude.

Mais n'y pensons pas. Dans quelques jours, Dominique s'envolera pour New York, où il a « quelques rendez-vous importants et deux, trois choses à régler », dit-il. Elle pourra le joindre au Sofitel ou sur son portable. Ensuite, une fois de retour à Paris, ils pourront se remettre à l'établi. Une dernière ligne droite avant un pot d'adieu au FMI, à Washington, quelques mains à serrer, des bagages à boucler et un retour vers Paris, sous les projecteurs et en fanfare : prêt pour le grand saut.

Il n'aura suffi que de quelques minutes d'un huis clos irréel, dans la suite d'un palace de Manhattan, transformée en scène de crime par une escouade de flics du NYPD dépêchés en toute hâte, pour que la vie s'arrête.

Pour que, l'espace d'un coup de fil passé en pleine nuit de New York à l'être aimé, d'un taxi filant vers l'aéroport et le salon VIP d'Air France, cette belle histoire prenne l'allure d'un vertigineux saut dans le vide. De ces épisodes dont on ne s'arrange pas en disant que « c'est la vie ». Alors qu'ils vous enferment à double tour pour l'éternité, quoi qu'il advienne de la suite de cette rocambolesque et terrible affaire, dans la prison froide du souvenir. À jamais.

TABLE

Table

Cet ouvrage a été imprimé
en juin 2011 par

FIRMIN-DIDOT

27650 Mesnil-sur-l'Estrée
N° d'impression : 104395

Imprimé en France